KB266414

김열방 지음

성령님의 기름부으심을 수천수만 배로 증가시키는 법

성령님의 기름부으심

기름 부으심을 사모하라
기름 부으심을 간구하라
기름 부으심을 기대하라
기름 부으심을 나타내라

날개미디어

"주의 성령이 내게 임하셨다고 말하라."

당신은 성령님의 기름 부으심이 나타나고 있습니까?

나는 매일 성령님의 기름 부으심이 강하게 나타나고 있습니다. 내가 믿음으로 말하고 기도할 때, 예수 이름으로 명령하고 안수할 때, 설교하고 가르치고 상담할 때, 책을 쓰고 코치할 때, 하나님이 내게 위임하신 모든 영역에서 성령님의 기름 부으심이 강하게 나타나고 있습니다.

지금의 나는 성령님의 기름 부으심이 없이는 아무것도 할 수 없습니다. 처음부터 내가 그랬던 것은 아닙니다.

나는 어릴 때부터 교회를 다녔고 12세에 예수님을 구주로 믿고 구원을 받았습니다. 그때 나는 말했습니다.

"나는 지금 죽어도 천국에 간다. 하나님의 자녀다."

하지만 그것이 다가 아니었습니다. 열두 제자가 3년 동안 예수님을 따라다녔지만 예수님이 십자가에 못 박혀 죽으실 때 그들은 다 예수님을 버리고 도망갔습니다. 부활하신 예수님은 그들에게 "위로부터 내려오는 능력을 받을 때까지 기다리라"고 하셨습니다. 나도 그래야 했습니다.

분명히 예수님을 구주로 믿고 구원을 받았음에도 무기력하고 무능력한 삶에 빠져 있었던 것입니다. 빨리 죽어서 천국에 가는 것만이 신앙생활의 전부처럼 여겨졌습니다.

그렇게 세월이 흘러 20세가 되었습니다. 교회를 다니면서도 날마다 죄를 먹고 마시며 힘들게 하루하루를 살다가 어느 날 길을 걷던 중에 갑자기 성령님을 만나게 되었는데, 그분은 회개의 영으로 내게 강하게 임하셨습니다.

나는 즉시 동네 교회로 달려가 뜨거운 눈물을 흘리며 회개했습니다. 그 순간 온 몸에 전율이 흘렀고 내 입에서는 생전 알지 못하는 이상한 말이 쏟아져 나왔습니다.

그 날 나는 성령님께 내 인생을 다 양도했습니다.

"성령님, 제 눈과 손과 발과 입술과 마음과 온몸과 의지를 드립니다. 제 힘으로는 하루도 살아갈 수 없으니 성령님께서 저를 다스려 주세요. 제 인생을 맡깁니다."

그 날 나는 비둘기 같은 성령이 내게 임했다는 것을 알게 되었습니다. 불이나 바람 같은 성령이 아니었습니다.

그렇게 20세 어느 날 내 인생은 완전히 바뀌었습니다.

그리고 나는 만나는 사람마다 '내게 주신 성령님의 기름 부으심' 곧 '내게 임한 하나님의 나라'에 대해 전파하기 시작했습니다. 그러자 사람들이 자기도 그런 은혜를 받고 싶다며 동서남북에서 매일 내게로 몰려들었습니다.

나는 그들에게 안수하며 기도해 주었는데 즉시 내게 임한 성령님의 기름 부으심이 그들에게도 동일하게 주어졌습니다. 하루는 우리 집에 12명 정도가 모여서 합심으로 기도하는데 한 사람이 환상을 봤다고 했습니다.

"성령이 큰 비둘기처럼 하늘에서 내려와 불로 변하고 갈라져 각 사람에게로 퍼졌고 모두에게 임했어요."

다른 한 사람도 환상을 봤다고 말했습니다.

"천사들이 하늘에서 내려와 우리 기도를 돕고 있어요."

그리고 갑자기 한 사람에게 숨어 있던 귀신이 정체를 드러내며 눈을 질끈 감고 크게 소리를 질렀습니다.

"안 가, 왜 나를 괴롭히는 거야."

나는 일어나 그에게 손을 얹으며 명령했습니다.

"예수 그리스도의 이름으로 명하노니 귀신아 나가라."

즉시 더러운 귀신이 그를 넘어뜨리며 떠나갔고 그는 눈

물을 뚝뚝 흘리며 두 손을 들고 이렇게 고백했습니다.

"예수님, 사랑합니다. 사랑합니다. 예수님."

그리고 나는 23세에 군대에서 휴가를 나왔다가 집 앞 공원에서 '성령님과의 인격적인 만남'을 가지게 되었습니다. 이런 내용을 모두 책에 담아 29세에 〈성령님과 친밀하게 교제하는 법〉을 출간했는데 그 책을 읽은 사람마다 충격을 받았고 나를 집회의 주 강사로 초청했습니다.

나는 책을 써내기 전부터 집회를 다녔는데, 책을 써낸 후로는 더 많은 집회를 다니게 되었습니다. 나는 가는 곳마다 다른 것을 이야기하지 않았습니다. 신앙 거성들에 대한 책을 많이 읽었지만 오직 '내게 주신 성령님의 기름 부으심'에 대해서만 말했습니다. 그러자 성령의 나타남이 날마다 증가했고 나중에는 수천 배로 증가했습니다.

예수님은 30년 동안 목수로만 사셨고 아무 기적을 행하지 않으셨습니다. 요단강에서 성령을 받고 난 후로 말씀 전파와 치유 사역을 시작하셨습니다. 그분이 각 마을의 회당에 가실 때마다 전파하신 것은 "주의 성령이 내게 임하셨다. 주께서 내게 기름을 부으시고 나를 보내어 가난한 자에게 복음을 전하고 마귀에게 눌린 자를 치유케 하셨다. 나로 하여금 주의 은혜의 해를 전파하게 하셨다"였습니다.

그분은 결코 이렇게 말씀하지 않았습니다.

"아브라함과 이삭과 야곱, 모세와 여호수아, 엘리야와 엘리사, 이사야와 예레미야에게 주의 성령이 임했다."

예수님은 "주의 성령이 내게 임했다"고 하셨습니다.

이게 가장 중요합니다. 이 말을 꼭 기억하십시오.

예수님은 "주께서 내게 기름을 부으셨고 나를 보내셨다"고 하셨습니다. 그러자 엄청난 성령님의 기름 부으심이 회당과 마을에 실제로 나타났고 그 소문을 듣고 여러 동네에서 찾아온 많은 사람들이 다 치유 받았습니다. 예수님에게 전류처럼 흐르는 기름 부으심이 얼마나 강하고 풍성했는지 사람들이 그분의 옷자락에만 손을 대도 나았습니다.

사도 바울도 동일한 내용을 말했습니다.

"주의 성령이 내게 임했다. 주께서 나를 이방인의 사도로 부르시고 내게 기름을 부으셨다. 나는 다메섹에서 빛으로 오신 예수님을 만났고 그날 내 인생은 완전히 변화되었다. 내게 천국 곧 하나님의 나라가 권능으로 임했다."

당신도 오직 이것을 말해야 합니다.

"주의 성령이 내게 임하지 않았고 나는 그렇게 기름 부으심을 받은 적이 없는데요. 아무 체험이 없어요."

그러면 당신은 아직 보내심을 받지 않은 것입니다.

그런 체험이 있을 때까지 골방에 들어가 기도하십시오.

성경에도 동일한 사건이 나옵니다. 무엇일까요?

예수님의 부활을 목격한 제자들은 다함께 모여 성령이 임할 때까지 오로지 기도에 힘썼다고 했습니다.

"여자들과 예수의 어머니 마리아와 예수의 아우들과 더불어 마음을 같이하여 오로지 기도에 힘쓰더라."(행 1:14)

그들이 성령의 불을 받았습니다. 그 후로 그들은 동일한 내용을 전파했습니다. 베드로와 요한, 바울, 빌립의 설교 내용이 같습니다. 무엇일까요? "주의 성령이 내게 임했다. 주께서 내게 기름을 부으셨다"는 것입니다.

이것이 곧 빌립이 사마리아 성에서 전한 '하나님의 나라와 및 예수 그리스도의 이름에 관한 것'입니다. 빌립은 다른 잡다한 것을 전하지 않았고 오직 "하나님의 나라가 지금 이곳에 권능으로 임했다. 성령님이 예수 이름을 가지고 넘치는 기름 부으심으로 이곳에 계신다"고 전했고 그 결과 많은 병자가 낫고 많은 귀신이 쫓겨 나갔습니다.

당신도 당신의 사역에 성령님의 기름 부으심이 수천수만 배로 강하게 나타나기 원한다면 그렇게 해야 합니다.

예수님은 다른 사람에게 주신 영광이 아닌 자신에게 주신 영광을 나누었습니다. "내게 주신 영광을 내가 그들에게 주었사오니 이는 우리가 하나가 된 것 같이 그들도 하나가 되게 하려 함이니이다."(요 17:22)

바울도 다른 사람에게 주신 은혜를 전하지 않고 자신에

게 주신 은혜를 전했습니다. "너희를 위하여 내게 주신 하나님의 그 은혜의 경륜을 너희가 들었을 터이라."(엡 3:2)

당신도 다른 사람에게 주신 은혜를 전하지 말고 자신에게 주신 은혜를 전하기 바랍니다. 하나님은 결산의 날에 다른 사람에게 주신 은혜에 대해 묻지 않고 당신에게 주신 은혜에 대한 열매를 물을 것입니다. 오직 당신에게 주신 은혜를 만나는 사람들에게 전파하십시오. 그러면 그것이 수천수만 배로 증가할 것이며 열방을 구원할 것입니다.

이것이 기름 부으심이 만 배로 나타나는 비결입니다.

이것을 꼭 기억하고 100년 동안 실천하십시오.

2024년 6월 10일

김열방 목사

[목차]

"주의 성령이 내게 임하셨으니
이는 가난한 자에게 복음을 전하게 하시려고 내게 기름을 부으시고
나를 보내사 포로 된 자에게 자유를, 눈 먼 자에게 다시 보게 함을 전파하며
눌린 자를 자유롭게 하고 주의 은혜의 해를 전파하게 하려 하심이라."
누가복음 4:18~19

기름 부으심을 나타내는 방법

당신은 기름 부으심이 나타나는 방법을 아십니까?

나는 20세에 길을 걷던 중 성령을 받고 그때부터 기름 부으심이 나타나 수많은 사람들에게 영향을 끼쳤습니다.

내가 믿음으로 손을 대면 사람들에게 성령이 임하고 방언이 터졌으며 귀신이 쫓겨 나가고 병이 낫곤 했습니다.

지금 돌이켜 보면 20세에 벌써 성령님의 기름 부으심이 어떻게 나타나는지 그 방법을 깨닫고 담대하게 실천했던 것입니다. 그것이 무엇인지 하나씩 알아보겠습니다.

기름 부으심에 대한 말씀을 전하라

먼저 '기름 부으심에 대한 말씀'을 전해야 합니다.

"예수의 소문이 더욱 퍼지매 수많은 무리가 말씀도 듣고 자기 병도 고침을 받고자 하여 모여 오되……."(눅 5:15)

무리는 병 고침을 받기 위해서만 온 것이 아니라 말씀도 듣고 자기 병도 고침을 받고자 하여 모여 왔습니다.

그때 예수님이 어떤 말씀을 전하셨습니까?

아직까지 십자가에 못 박혀 죽으시고 부활하신 것이 아니었기 때문에 그 내용을 전하신 것이 아닙니다.

그분은 누가복음 4장 18절의 "주의 성령이 내게 임하셨다. 이는 가난한 자에게 복음을 전하게 하시려고 내게 기름을 부으셨다. 이 글이 오늘날 너희 귀에 응하셨다"는 내용을 전파하셨습니다. 그럴 때 그곳에 성령님의 기름 부으심이 강하게 나타났습니다. 이것이 능력의 비결입니다.

당신은 어떤 말씀을 전파합니까? 다름 아닌 당신에게 주의 성령이 임했다는 내용을 전파해야 합니다. 하나님께 귀하게 쓰임 받고 있는 세계적인 사역자들을 보십시오.

그들이 동일한 내용을 전파합니다. 무엇이라고요?

자신에게 주의 성령이 임했다는 것입니다.

"그런 걸 전파해도 되나요? 그건 오직 예수님만 말씀하실 수 있는 내용이 아닌가요? 아니면 사도 바울……."

아닙니다. 예수님은 근본 하나님과 본체시나 자기를 다 비우고 사람의 모양으로 오셨기 때문에 성령님의 기름 부으심을 받기 전에는 아무 사역도 하지 않으셨습니다.

그런 분이 요단강에서 성령님의 기름 부으심을 받고 난 후에는 회당에서 "주의 성령이 내게 임하셨다. 나는 기름 부으심을 받았다"고 선포하기 시작하셨습니다.

예수님은 그 내용을 가는 곳마다 전파하셨습니다.

그 내용의 핵심은 하나님의 나라가 권능으로 이 땅에 임했다는 것이며 이것이 곧 '천국 복음'입니다. 예수님은 "나를 믿으면 죽은 후에 천국에 간다"는 말씀도 하셨지만 그것보다 더 많이 더 강력하게 "이 땅에 천국이 임했다. 하나님의 나라가 권능으로 임했다"고 전파하셨습니다.

당신도 '당신에게 권능으로 임한 하나님의 나라' 곧 당신에게 임한 성령님의 기름 부으심을 전해야 합니다.

이것이 지혜이며 모든 사역이 여기에서 시작됩니다.

그러면 하나님의 왕국과 사탄의 왕국이 정면으로 충돌하게 되고 그 순간부터 엄청난 박해가 시작됩니다. 회당에 있는 자들이 이 말을 듣고 은혜를 받았지만 그 후에 예수님이 하신 말씀을 듣고 다 크게 화가 나서 예수님을 죽이려고 했습니다. 누가복음 4장 14~30절을 보십시오.

　"예수께서 성령의 능력으로 갈릴리에 돌아가시니 그 소문이 사방에 퍼졌고 친히 그 여러 회당에서 가르치시매 뭇사람에게 칭송을 받으시더라. 예수께서 그 자라나신 곳 나사렛에 이르사 안식일에 늘 하시던 대로 회당에 들어가사 성경을 읽으려고 서시매 선지자 이사야의 글을 드리거늘 책을 펴서 이렇게 기록된 데를 찾으시니 곧 '주의 성령이 내게 임하셨으니 이는 가난한 자에게 복음을 전하게 하시려고 내게 기름을 부으시고 나를 보내사 포로 된 자에게 자유를, 눈 먼 자에게 다시 보게 함을 전파하며 눌린 자를 자유롭게 하고 주의 은혜의 해를 전파하게 하려 하심이라' 하였더라. 책을 덮어 그 맡은 자에게 주시고 앉으시니 회당에 있는 자들이 다 주목하여 보더라. 이에 예수께서 그들에게 말씀하시되 이 글이 오늘 너희 귀에 응하였느니라 하시니 그들이 다 그를 증언하고 그 입으로 나오는 바 은혜로운 말을 놀랍게 여겨 이르되 이 사람이 요셉의 아들이 아니냐. 예수께서 그들에게 이르시되 너희가 반드시 의사야 너 자신을 고치라 하는 속담을 인용하여 내게 말하기를 우리가 들은 바 가버나움에서 행한 일을 네 고향 여기서도 행하라 하리라. 또 이르시되 내가 진실로 너희에게 이르노니 선지자가 고향에서는 환영을 받는 자가 없느니라. 내가 참으로 너희에게 이르노니 엘리야 시대에 하늘이 삼 년 육 개월간

닫히어 온 땅에 큰 흉년이 들었을 때에 이스라엘에 많은 과부가 있었으되 엘리야가 그 중 한 사람에게도 보내심을 받지 않고 오직 시돈 땅에 있는 사렙다의 한 과부에게 뿐이었으며 또 선지자 엘리사 때에 이스라엘에 많은 나병환자가 있었으되 그 중의 한 사람도 깨끗함을 얻지 못하고 오직 수리아 사람 나아만뿐이었느니라. 회당에 있는 자들이 이것을 듣고 다 크게 화가 나서 일어나 동네 밖으로 쫓아내어 그 동네가 건설된 산 낭떠러지까지 끌고 가서 밀쳐 떨어뜨리고자 하되 예수께서 그들 가운데로 지나서 가시니라.”

예수님은 “주의 성령이 이사야에게 임했다”고 전파하지 않았습니다. “주의 성령이 내게 임했다”고 전파했습니다.

그리고 “내게 기름을 부으셨다”고 했습니다. 당신도 예수님처럼 “주의 성령이 내게 임했다. 내게 기름을 부으셨다”전파해야 합니다. ‘주의 성령’이 곧 천국 복음입니다.

이처럼 ‘천국 복음을 전파할 때’ 권능이 나타납니다.

예수 그리스도를 구주로 믿는 사람은 ‘그리스도인’이라 불립니다. 그리스노인이란 밀은 ‘기름 부으심을 받은 사람’이라는 뜻입니다. 기름은 왕, 제사장, 선지자에게 부었습니다. 성경은 ‘지상대위임’에 대해 이렇게 말씀합니다.

“그러나 너희는 택하신 족속이요 왕 같은 제사장들이요 거룩한 나라요 그의 소유가 된 백성이니 이는 너희를 어두운 데서 불러내어 그의 기이한 빛에 들어가게 하신 이의 아름다운 덕을 선포하게 하려 하심이라."(벧전 2:9)

이 "너희는" 속에 당신의 이름이 들어 있습니다.

당신의 이름을 넣어 또박또박 천천히 읽어보십시오.

"김열방은 택하신 족속이요 왕 같은 제사장이요 거룩한 나라요 그의 소유가 된 백성이니 이는 김열방을 어두운 데서 불러내어 그의 기이한 빛에 들어가게 하신 이의 아름다운 덕을 선포하게 하려 하심이라."

이 얼마나 놀랍고 충격적인 사실입니까?

그렇다면 당신도 예수님처럼 기름 부으심을 받았다는 사실을 알고 그것을 사람들에게 간증해야 합니다.

목회자들은 설교할 때나 상담할 때 자신에 대해 "나는 기름 부으심 받은 주의 종이다"라는 말을 가끔 하지만 대부분의 성도들은 "나는 그리스도인이고 기름 부으심을 받았다"고 말하지 않습니다. 왜일까요? 마귀가 그런 말을 못하게 입을 막았기 때문입니다. 마귀는 이렇게 말합니다.

"성경에서 기름 부으심을 받는 사람은 오직 왕, 제사장, 선지자, 세 종류의 사람뿐인데 네가 그런 대단한 존재냐? 너는 평신도에 불과해. 아무것도 아니야. 그냥 교회에 가서 조용히 예배하고 또 집에서 살림이나 해. 직장 다니며 돈 벌어서 십일조 잘 내면 돼. 교회에 가면 청소나 식당 봉사만 열심히 해. 그게 다야. 그 이상은 알려고 하지 마.”

그렇지 않습니다. 당신은 '그리스도인'입니다. 모든 그리스도인은 예수님이 받은 성령님의 기름 부으심을 동일하게 받았습니다. 그렇다면 자신이 성령님의 기름 부으심을 받은 자라는 사실을 당당하게 말할 수 있어야 합니다.

그럴 때 성령님의 기름 부으심이 나타나기 시작합니다.

빌립 집사가 그랬습니다. 그는 과부 접대하는 일을 사도들로부터 위탁받고 안수까지 받았지만 그 일을 했다는 기록이 없습니다. 스데반의 일로 교회에 큰 박해가 일어나자 사도들만 예루살렘에 남고 다들 흩어졌습니다.

그들이 무엇을 했습니까? 온 유대와 사마리아와 땅 끝까지 다니며 자신에게 주신 성령님의 기름 부으심을 따라 복음 전도와 치유 사역에 힘썼습니다. 빌립은 사도가 아닌 집사였는데 성령님의 기름 부으심이 넘쳤습니다.

사도행전 8장 5~8절을 보십시오.

“빌립이 사마리아 성에 내려가 그리스도를 백성에게 전파하니 무리가 빌립의 말도 듣고 행하는 표적도 보고 한마음으로 그가 하는 말을 따르더라. 많은 사람에게 붙었던 더러운 귀신들이 크게 소리를 지르며 나가고 또 많은 중풍병자와 못 걷는 사람이 나으니 그 성에 큰 기쁨이 있더라.”

빌립이 무엇을 전파했습니까? 예수님이 전파하신 것과 동일한 내용이었는데 곧 '자신에게 임한 하나님의 나라'와 '예수 그리스도의 이름에 관한 것'이었습니다.

"빌립이 하나님 나라와 및 예수 그리스도의 이름에 관하여 전도함을 그들이 믿고 남녀가 다 세례를 받으니 시몬도 믿고 세례를 받은 후에 전심으로 빌립을 따라다니며 그 나타나는 표적과 큰 능력을 보고 놀라니라."(행 8:12~13)

빌립은 앞으로 다가올 하나님의 나라 곧 예수님의 재림을 전파한 것이 아니었습니다. 물론 그것을 전했을 수도 있습니다. 하지만 그것을 전할 때 성령의 권능이 그렇게 나타나는 것이 아닙니다. "예수님이 재림하신다"와 하나님의 나라가 그 자리에 권능으로 임하는 것은 다릅니다.

예수님이 재림하신다는 것은 미래에 일어날 일입니다.

빌립은 예수님이 그랬던 것처럼 지금 이 땅에 권능으로 임하는 하나님 나라를 전파했던 것입니다. 그는 예수님이 사역을 시작할 때 전했던 것과 동일한 내용을 전했습니다.

"하나님의 나라가 권능으로 지금 이곳에 임했다. 주의 영이 내게 임했고 주께서 내게 기름을 부으셨다. 나는 가난한 자에게 복음을 전파하려고 이곳에 왔다. 묶인 자와 눌린 자와 포로 된 자를 자유케 하고 주의 은혜의 해를 전파하러 왔다. 지금 예수를 구주로 믿고 영접하면 구원을 받고 악한 영이 쫓겨 나가고 병이 낫는다. 예수님이 이 자리에 와 계신다. 그분은 어제나 오늘이나 영원토록 동일하신 분이다. 지금 믿으면 구원을 얻고 귀신이 나가고 치유 받는다.”

바울도 그랬습니다. 그는 가는 곳마다 같은 말을 반복했는데, 자신에게 하나님의 나라가 임했다는 것입니다.

“내게 주의 성령이 임했다. 주께서 나를 이방인의 사도로 부르시고 이방의 빛으로 기름을 부으셨다. 나는 다메섹에서 빛이신 예수님을 만났고 성령의 충만함을 받았다.”

성령님의 기름 부으심이 나타나는 주의 종들을 보십시오. 동일하게 이 사실을 가는 곳마다 반복해서 말하고 있다는 것을 발견하게 될 것입니다. 이것은 “나는 너희들과 다른 대단한 존재다”라고 자랑하는 것이 아닙니다.

자기에게 임한 주의 성령을 전파하는 것입니다. 당신도 “주의 성령이 내게 임하셨다. 주께서 내게 복음을 전하고 치유하라고 기름을 부으셨다”고 전파해야 합니다.

바울은 이 내용을 반복해서 전파했습니다. 이것이 성령님의 기름 부으심이 나타나는 비결입니다. 당신은 지금 무엇을 전파하고 있나요? 과거와 미래의 예수님에 대해서만 가르치고 있지 않나요? 그것도 중요하지만 지금 당신에게 임한 예수의 영 곧 '주의 성령'에 대해 전파해야 합니다.

그래야 성령님의 기름 부으심이 강하게 나타납니다.

성령을 체험한 이야기를 무한 반복하라

당신은 다른 사람에게 임한 성령님의 기름 부으심이 아닌 당신에게 임한 성령님의 기름 부으심을 전파해야 합니다. "전파"는 '동일한 내용을 무한 반복하는 것'입니다.

어디를 가든 이 말을 꼭 기억하십시오.

"내게 임한 성령님의 기름 부으심을 무한 반복한다."

전파는 매일 새로운 내용을 말하는 것이 아닙니다.

똑같은 내용을 전하여 널리 퍼뜨리는 것입니다. 어떤 내용이라고요? 당신에게 임한 주의 성령에 관한 것입니다. 당신에게 기름 부으심이 있다는 것을 말하십시오.

예수님은 "주의 성령이 내게 임했다. 주께서 내게 말씀을 전하고 치유하라고 기름을 부으셨다. 내가 성령을 힘입어 귀신을 쫓아내는데 이것은 곧 하나님의 나라가 너희에게 임했다는 것이다"라는 내용을 반복해서 퍼뜨리셨고 그 소문을 들은 사람들이 말씀도 듣고 병도 고침 받고자 끝도 없이 모여들었습니다. 사람들이 이것을 자꾸 놓칩니다.

"예수의 소문이 더욱 퍼지매 수많은 무리가 말씀도 듣고 자기 병도 고침을 받고자 하여 모여 오되……."(눅 5:15)

당신도 당신에게 부어 주신 성령님의 기름 부으심에 대한 소문을 퍼뜨려야 합니다. 다른 것이 아닙니다.

"다른 내용도 많이 가르치지 않으셨나요? 신약에는 예수님이 가르치신 수많은 비유와 교훈이 나와 있어요."

맞습니다. 하지만 그것은 '가르침'입니다.

'가르침과 전파'는 목적도 방향도 다릅니다. 가르침은 '새로운 깨달음을 설명하는 것'이고 전파는 '단순한 핵심을 무한 반복하는 것'입니다. 둘 다 중요하고 필요합니다.

예수님은 하나님 나라에 대해 여러 가지 비유로 가르치셨고 제자들에게 그것을 자세히 풀어 설명하셨습니다. 하지만 그것은 예수님의 3대 사역 중에 하나일 뿐입니다.

예수님의 3대 사역은 무엇일까요? 1) 천국 복음을 전파하고 2) 가르치고 3) 치유하는 것이었습니다.

"예수께서 온 갈릴리에 두루 다니사 그들의 회당에서 가르치시며 천국 복음을 전파하시며 백성 중의 모든 병과 모든 약한 것을 고치시니라."(마 4:23)

전파는 "하나님의 나라가 성령님의 나타나심과 능력으로 이 땅에 임했다"는 것을 반복해서 말하는 것입니다.

가르침은 "이 땅에 임한 하나님의 나라에 들어가서 구원 받고 치유 받으려면 너희가 어린 아이 같은 마음을 가져야 한다. 너희가 어떻게 해야 하는지 내가 비유를 들어 자세히 설명해 주겠다"는 것입니다.

치유는 "병을 고치는 주의 능력이 이 자리에 실제로 운행하고 있다. 믿음의 손을 내밀어 만져라. 그러면 모든 병과 모든 약한 것이 낫는다. 귀신이 나간다"는 것입니다.

이 중에 특별히 '전파'에 대한 것을 알아야 합니다.

예수님의 전파는 "주의 성령이 내게 임하셨다. 주께서 내게 기름을 부으셨다. 그로 인해 나는 마귀에게 눌린 자를 고치며 착한 일을 행한다. 모든 묶인 자를 자유케 하는 주의 은혜의 해를 전파한다"는 내용의 반복입니다.

이 구절을 암송하면 좋습니다. 꼭 암송하기 바랍니다.

"주의 성령이 내게 임하셨으니 이는 가난한 자에게 복음을 전하게 하시려고 내게 기름을 부으시고 나를 보내사 포로 된 자에게 자유를, 눈 먼 자에게 다시 보게 함을 전파하며 눌린 자를 자유롭게 하고 주의 은혜의 해를 전파하게 하려 하심이라."(눅 4:18~19)

예수님처럼 성령님의 기름 부으심이 강하게 나타난 사람이 누구입니까? 바울입니다. 그는 선교 여행할 때, 각각 다른 장소에서 다른 사람들을 만났지만 항상 똑같은 내용을 반복하며 전파했는데 그것이 무엇일까요?

"나는 다메섹 길에서 예수를 만났다. 그때 내게 주의 성령이 임했다. 주께서 내게 기름을 부으셨다."

그의 이야기는 항상 다메섹에서부터 시작되었습니다.

"먼저 다메섹과 예루살렘에 있는 사람과 유대 온 땅과 이방인에게까지 회개하고 하나님께로 돌아와서 회개에 합당한 일을 하라 전하므로 유대인들이 성전에서 나를 잡아 죽이고자 하였으나……."(행 26:20~21)

바울은 예수님과 동일한 방식으로 전파했습니다.

"하나님의 나라가 권능으로 내게 임했다. 나는 다메섹에서 변화되었다. 그리고 이제는 너희들 차례다. 지금 성령으로 이 땅에 임한 하나님의 나라 안에 들어오라."

이때 하나님 나라와 세상 나라의 충돌이 생겼습니다.

바울이 이 내용을 전파할 때마다 엄청난 박해가 일어났습니다. 듣는 자들이 다들 크게 분노했습니다.

유대인들이 회당에서 예수님을 잡아 죽이려 했던 것처

럼 성전에서 바울도 잡아 죽이려고 했던 것입니다.

예수님과 바울이 가는 곳마다 자신이 성령님의 기름 부으심을 받은 내용을 반복하며 전파했다는 것을 알 수 있습니다. 바울이 아그립바 왕에게 말한 내용을 보십시오.

그는 새로운 내용이 아닌 전에 자신이 체험했던 성령님의 기름 부으심을 받은 내용을 반복해서 말했습니다.

"왕이여, 정오가 되어 길에서 보니 하늘로부터 해보다 더 밝은 빛이 나와 내 동행들을 둘러 비추는지라. 우리가 다 땅에 엎드러지매 내가 소리를 들으니 히브리 말로 이르되 사울아 사울아 네가 어찌하여 나를 박해하느냐 가시채를 뒷발질하기가 네게 고생이니라. 내가 대답하되 주님 누구시니이까 주께서 이르시되 나는 네가 박해하는 예수라. 일어나 너의 발로 서라. 내가 네게 나타난 것은 곧 네가 나를 본 일과 장차 내가 네게 나타날 일에 너로 종과 증인을 삼으려 함이니 이스라엘과 이방인들에게서 내가 너를 구원하여 그들에게 보내어 그 눈을 뜨게 하여 어둠에서 빛으로, 사탄의 권세에서 하나님께로 돌아오게 하고 죄 사함과 나를 믿어 거룩하게 된 무리 가운데서 기업을 얻게 하리라 하더이다."(행 26:13~18)

성령님의 기름 부으심이 나타나는 비결이 여기 있습니다. 그런데 마귀는 이 내용을 말하지 못하게 합니다.

“왜 했던 말 또 하려고 해? 그건 지난번에 했던 내용이야. 다 알고 있으니 그것 말고 새로운 걸 말해.”

그래서 많은 주의 종들이 자신이 처음에 성령님의 기름 부으심을 받았던 내용을 추억의 앨범 속에 묻어 두고 다른 내용 곧 남의 이야기를 짜깁기해서 설교하는 것입니다.

“뭐 새로운 거 없나? 내가 만난 예수님 이야기는 별 거 아니야. 예전에 한번 말했으니 더 이상 반복해서 말하지 말자. 그리고 역사적으로 유명한 사람들의 예화와 명언을 찾아보자. 남다른 철학자들과 정치가들의 말과 사상과 경험, 온갖 최신 뉴스와 세상 지식을 말하면 다들 대단하다며 나를 칭찬하고 좋아할 거야. 그게 진짜 멋진 설교지.”

큰 착각입니다. 마귀와 육신에게 속는 것입니다.

거기에는 성령님의 기름 부으심이 없습니다. 성령님의 기름 부으심이 강하게 나타나기 원한다면 그런 잡다한 것을 버리고 ‘자신이 처음에 받은 성령님의 기름 부으심’으로 돌아가야 합니다. 거기서부터 시작해야 합니다.

다른 것을 말하지 말고 당신이 경험한 천국을 전파하십시오. 그것이 천국 복음입니다. 다른 사람에 비해 수천수만 배로 강한 성령님의 기름 부으심을 나타내며 사역하는 주의 종들을 자세히 보면 ‘이것’을 잘한다는 사실을 발견하게 됩니다. 이것이 뭘까요? 자신이 처음에 받은 성령님의 기름 부으심에 대한 이야기를 반복해서 말하는 것입니다. 이것이 하나님의 지혜인데, 인간적으로 똑똑하다는 사람들은 이러한 '주님께로부터 거저 받은 성령님의 기름 부으심에 대한 이야기'를 무시하고 자신이 노력해서 얻은 쥐꼬리만 한 세상 지식과 업적을 자랑하며 그것을 전하겠다고 결심합니다. 그리고 서재에 쌓인 산더미 같은 책과 자료를 짜깁기하며 설교 준비한다고 땀을 흘립니다.

그럴 때 그들의 마음은 혼미케 됩니다.

마귀에게 속아 자기 안에 임한 그리스도의 영광의 복음의 광채를 놓치고 엉뚱한 짓을 하는 것입니다. "그 중에 이 세상의 신이 믿지 아니하는 자들의 마음을 혼미하게 하여 그리스도의 영광의 복음의 광채가 비치지 못하게 함이니 그리스도는 하나님의 형상이니라."(고후 4:4)

다시 말하지만, 자기 자랑을 하라는 말이 아닙니다.

오직 그리스도 예수의 주 되신 것과 또 예수를 위하여 우리가 그들의 종 된 것을 전파해야 한다는 말입니다.

"우리는 우리를 전파하는 것이 아니라 오직 그리스도 예수의 주 되신 것과 또 예수를 위하여 우리가 너희의 종 된 것을 전파함이라."(고후 4:5)

오직 그리스도 예수의 주 되신 것과 또 예수를 위하여

우리가 그들의 종 된 것 사이에 뭐가 있습니까? 절대로 빠지면 안 되는 가장 중대한 것 곧 '내게 주신 성령님의 기름 부으심에 대한 경험'입니다. 이것을 전파해야 합니다.

이것이 하나님이 주신 은혜에 보답하는 일입니다.

"우리가 너희의 종 된 것을 전파함이라"고 할 때 이것은 단순히 과부를 접대하고 요리하고 설거지하고 물 뜨고 신발 정리하는 것을 말하는 것이 아닙니다. 그런 것을 하지 말라는 말이 아닙니다. 하십시오. 하지만 그것은 성령님이 당신에게 임하신 궁극적인 목적이 아닙니다.

예수님은 "썩을 양식을 위하여 일하지 말고 영생하도록 있는 양식을 위하여 하라"(요 6:27)고 하셨습니다.

바울이 말한 "우리가 너희의 종 된 것을 전파함이라"는 말은 '내게 주신 성령님의 기름 부으심을 전파함으로 그들도 나처럼 은혜 받게 하는 것'을 말합니다. "내가 예수를 본받는 것처럼 너희는 나를 본받으라"고 외치며 자신이 받아 누리는 영적인 세계에 들어오도록 초청하는 것입니다.

이것이 주의 종이 해야 할 가장 중대한 일입니다.

"주의 성령이 내게 임하셨으니"라고 할 때 여기에 등장 인물이 나옵니다. '주의 성령'과 '나'와 '군중들'입니다.

그 사이에 기름 부으심이 강물처럼 흐르고 있습니다.

이것은 다음과 같은 뜻입니다.

"주의 성령이 내게 임했다. 나는 주님이 기름 부으신 주의 종이다. 주님은 내게 가난한 자들의 종으로 그들을 섬기라고 보내셨는데 그것은 곧 육신의 가난함이 아닌 심령의 가난함이다. 그리고 그 섬기는 방법은 복음을 전파하는 것이고 또한 묶인 자와 눌린 자와 포로 된 자들을 자유롭게 하는 것이고 주의 은혜의 해를 전파하는 것이다. 내가 해야 할 일은 두 가지 곧 말씀 사역과 치유 사역이다."

이를 위해 무리에게 "주의 성령이 내게 임하셨다. 내게 기름을 부으셨다. 나를 보내셨다"고 전파하는 것입니다.

당신도 이 일을 위해 부름 받았습니다.

내게 주신 하나님의 은혜를 전파하라

당신에게 주신 하나님의 은혜를 아십니까?

하나님께 귀하게 쓰임 받는 주의 종들은 모두 이것을 귀하게 여기며 꼭 붙들었고 그것을 전파했습니다.

그들은 책과 신문 기사, 텔레비전과 잡지 인터뷰, 모든 집회에서 오직 이것만 말했습니다. 그들은 남에게 주신 성령님의 기름 부으심에 대한 이야기를 하지 않고 자신에게 주신 성령님의 기름 부으심에 대한 이야기를 했습니다. 오늘날 어떤 목회자들의 짜깁기한 설교와는 많이 다릅니다.

많은 사역자들이 기도의 골방에서 '주님의 임재 가운데' 시간을 보내지 않고 고상해 보이는 서재에 앉아 산더미처럼 많은 책과 자료를 뒤적이며 재미있는 예화나 사례 하나 찾겠다고 귀한 시간을 다 흘려보냅니다. 우리는 회개해야 합니다. 그 시간에 골방에 엎드려 기도해야 합니다.

기도하면 성령님의 기름 부으심이 나타나게 됩니다.

기도하지 않는 사람은 '내게 주신 성령님의 기름 부으심'을 다 잃고 '다른 사람에게 주신 성령님의 기름 부으심'을 찾아 헤매게 됩니다. 성경 인물들은 그러지 않았습니다. 예수님과 베드로와 바울을 보십시오.

예수님은 "주의 성령이 내게 임했다"고 했습니다.

바울은 베드로에게 임한 성령 이야기를 하지 않았고 베드로는 바울에게 임한 성령 이야기를 하지 않았습니다.

그들은 각자 자기에게 주신 성령님의 기름 부으심에 대해서만 무한 반복으로 이야기했습니다. 자신에게 주신 성령님의 기름 부으심에 대해서만 이야기해도 시간과 지면이 부족한데 왜 다른 사람 이야기를 끌어다 합니까?

다른 사람에게 주신 성령님의 기름 부으심에 대한 이야기는 모두 조연과 단역에 불과합니다. 사람들이 진짜로 알고 싶어 하는 것은 조연과 단역의 이야기가 아닌 주연 이야기입니다. 어제나 오늘이나 동일하게 모든 사람은 "주의 성령이 내게 임하셨다. 주께서 내게 기름을 부으셨다"고 말하는 주의 종을 만나고 싶어 하고 그가 인도하는 집회에 참석하고 싶어 합니다. 그가 전하는 말씀을 듣고 싶어 하며 그가 손 내미는 안수를 받고 싶어 합니다.

그런 사역을 통해 하나님을 만나기 때문입니다.

나는 29세에 〈성령님과 친밀하게 교제하는 법〉이란 책을 써냈습니다. 그것은 다른 사람에 대한 이야기가 아닌 '내게 주신 성령님의 기름 부으심'에 대한 이야기입니다. 물론 다른 사람에 대한 사례가 몇 개 나오긴 하지만 그것은 내 이야기를 강조하기 위해 등장시킨 것입니다. 그 책은 출간된 이후로 많은 사람들에게 읽혀졌고 전국과 세계에서 나를 강사로 초청했습니다. 내가 집회에 가서 설교할 때 무엇을 말했을까요? 잡다한 것이 아닌 이것입니다.

"주의 성령이 내게 임하셨다. 주께서 내게 기름을 부으셨다. 나는 가난한 자에게 복음을 전파하고 마귀에게 눌린 자를 자유케 하고 주의 은혜의 해를 전파하려고 왔다."

나는 그들이 초청한 모임에서 루터, 칼뱅, 웨슬리, 찰스 피니, 무디, 스펄전, 빌리 그래함에게 주신 성령님의 기름 부으심을 말하지 않았습니다. 그런 이야기는 다른 사람들도 얼마든지 나보다 더 재미있게 말할 수 있습니다.

요즘은 인공지능도 그런 이야기를 다 해줍니다.

전국과 세계에서 부흥회와 세미나를 연 각종 단체들이 그런 이야기를 들으려고 나를 초청한 것이 아닙니다.

오직 내게 주신 성령님의 기름 부으심에 대한 이야기를 들으려고 집회 일정을 잡았고 비행기 값과 호텔비, 강사비를 지불하며 나를 초청한 것입니다. 그들에게 다른 사람에 대한 이야기를 하므로 감동을 주려는 것은 잘못입니다.

나는 시간마다 오직 내게 주신 성령님의 기름 부으심에 대해서만 원고 없이 전파했습니다. 그러자 그 말을 들은 사람들 속에 성령님의 기름 부으심에 대한 믿음과 뜨거운 소원이 생겼습니다. 그렇게 열정적으로 말씀을 전한 후에 기도하며 앞으로 나와 안수 받으라고 하자 다들 주저하지 않고 우르르 달려 나왔고 내가 그들에게 손을 내미는 순간 즉시 성령이 임했습니다. 그들은 회개하며 방언을 말했고 귀신이 소리를 지르며 떠났고 병이 나았습니다.

나는 그동안 수만 권의 책을 읽었지만 집회를 인도하러 가면 내가 아는 유명한 사람들에게 주신 성령님의 기름 부으심에 대한 이야기를 하지 않습니다. 내게 주신 성령님의 기름 부으심에 대한 이야기만 해도 시간이 모자라기 때문입니다. 당신은 어떤가요? 왜 다른 이야기를 합니까?

당신의 이야기가 만 배나 더 강력한 힘이 있습니다.

나는 전 세계를 다니며 치유 사역을 하는 한 목사님의 집회에 간 적이 있습니다. 그분은 설교 때마다 엄청난 치유와 축사의 기적이 일어났습니다. 그분이 전도 집회에 강사로 가면 한번에 100만 명이 모이기도 했습니다.

그런 분이 지방에 내려와 체육관에서 설교하고 다음날 오전에 시내의 한 빌딩에서 목회자 세미나를 했습니다.

나는 거기에 참석해서 맨 앞자리에 앉아 그분의 설교를 다 받아 적었는데, 그분은 처음 신학교에 입학하고 교회를 개척할 때 받은 성령님의 기름 부으심에 대한 이야기를 했습니다. 생전 처음으로 성령 받고 방언을 말한 이야기, 귀신을 쫓아낸 이야기, 중풍 병자를 낫게 한 이야기, 성령님과 인격적인 교제를 나눈 이야기, 하루에 기도를 몇 시간 한다는 이야기를 했습니다. 그 당시에 그 내용을 들을 때 재미있었지만 뭔가 좀 싱거워 보였는데, 최근에 그 일을 다시 떠올리며 깊이 생각하게 되었습니다.

'그분이 수십 년간 세계를 날아다니며 복음을 전했고 그때마다 나타난 치유의 기적이 셀 수 없이 많은데, 왜 굳이 20대 신학교 시절에 교회를 개척하면서 성령을 체험한 이야기를 가는 곳마다 반복해서 말하는 걸까?'

가만 생각해보니 그분은 세미나 때마다 그 이야기를 했

고 또 책마다 그 이야기를 담고 있었습니다. 그리고 주일에도 설교 시간에 종종 그 이야기를 반복했습니다.

이것이 성령님의 기름 부으심이 나타나는 비결입니다.

기름 부으심이 나타나는 비결이 무엇이라고요?

"내게 주신 기름 부으심을 반복해서 말하는 것이다."

그 외에도 나는 많은 신유와 부흥 사역자들의 책을 읽어보았는데 그들도 동일하게 처음에 받은 성령님의 기름 부으심에 대한 이야기를 반복하고 있었습니다.

그런데 그 이야기를 하는 중에 성령님의 기름 부으심이 점점 더 풍성해지고 어느 정도 시간이 지나면 성령님의 기름 부으심이 실제로 나타나 치유와 축사의 기적들이 강당과 체육관 곳곳에서 동시 다발적으로 일어나곤 했습니다.

당신도 예수님과 바울처럼 이런 간증을 해야 합니다.

"주의 성령이 내게 임하셨다. 가난한 자에게 복음을 전하게 하시려고 주께서 내게 기름을 부으셨다."

당신은 어디서 이런 내용을 들어보았나요?

신앙 생활한 지 10년, 20년이 지나도 이런 말을 듣지 못했을 것입니다. 그렇게 말하지 못하도록 마귀가 속이고 육신의 사람들이 통제하기 때문입니다. 마귀는 당신이 기도할 때 "너는 성령님의 기름 부으심이 없다"에서 출발하게 만듭니다. 아닙니다. 당신은 성령님의 기름 부으심을 받았습니다. 성령님의 기름 부으심이 당신 안에 가득합니다. 그 이야기를 가는 곳마다 해야 합니다. 예수님과 바울처럼 "주의 성령이 내게 임하셨다. 주께서 내게 복음을 전파하고 마귀에게 눌린 자를 치유하라고 기름을 부으셨다"고 가는 곳마다 만나는 사람마다 전파해야 합니다. 그럴 때 성령의 임재와 기름 부으심이 바깥으로 강물처럼 흐르며, 성령의 나타남이 수천수만 배로 증가하게 됩니다.

예수님은 언제 성령님의 기름 부으심을 받았습니까?

요단강에서 세례 요한에게 물로 세례를 받고 올라와서 기도하실 때 성령이 비둘기처럼 내렸고 그때 성령님의 기름 부으심을 받았습니다. 당신에게도 이런 성령이 임했다면 당신은 이미 성령님의 기름 부으심을 받았습니다.

"나는 예수님처럼 40일 금식을 하지 않았는데요?"

예수님은 40일 금식하기 전에 성령을 받았습니다.

40일 금식해서 성령과 능력을 받은 것이 아닙니다.

구약에서는 모세와 엘리야가 40일 금식을 했고 그 후로 40일 금식한 사람이 없습니다. 베드로나 야고보, 요한, 그리고 바울도 40일 금식을 하지 않았습니다. 그런데 그들은 모두 성령님의 기름 부으심을 받았습니다.

예수님은 성령을 받기 위해 40일 금식한 것이 아니었고 "성령에 이끌리어 광야로 가서 금식했다"고 했습니다.

만약 성령님이 40일 금식하라고 이끄시면 하십시오.

그렇지 않다면 40일 금식은 하지 마십시오. 초대교회는 "주를 섬겨 3일 금식했다"는 내용이 나옵니다. 주를 섬겼다는 것은 "기도하고 하나님을 찬송했다"는 말입니다.

우리도 선교사를 파송하거나 특별히 중대한 일이 있을 때 3일 정도 기도하고 하나님을 찬송하며 금식할 수 있습니다. 하지만 성령님의 기름 부으심을 위해 그렇게 했다는 기록은 성경에 없습니다. 성령님의 기름 부으심은 평생 한 번만 받으면 끝입니다. 예수님은 두 번 다시 또 다른 성령님의 기름 부으심을 받으러 돌아다니지 않았습니다.

요단강에서 성령이 비둘기처럼 내려오셨고 그 성령님은 예수님과 늘 함께 했습니다. 그 성령님은 아버지의 영이셨습니다. 예수님은 "아버지가 내 안에 계셔서 그분의 일을 하는 것이며, 나를 혼자 두지 않고 늘 함께 계신다. 나는 아버지가 보여주신 것만 행하고 아버지가 들려주신 것만 말한다"고 하셨습니다. 당신은 어떤가요?

당신에게도 아버지의 성령이 함께 계십니다.

그러한 성령님이 함께 있다는 사실을 전파하십시오.

성령님을 자랑하는 것은 아버지를 자랑하는 것입니다.

성령님은 아버지의 나라를 가지고 권능으로 임하셨습니다. 주기도문에서 "나라가 임하시오며"라고 할 때 그것은 곧 '하나님의 나라가 권능으로 임하는 것'을 말한 것입니다. 예수님은 자신에게 그런 내용의 기도를 하신 것이 아닙니다. 자신에게는 이미 임했기 때문입니다. 그분은 "우리에게 나라가 임해 달라"고 기도하시며 사역 현장에 하나님의 나라가 권능으로 임하기를 기도하셨습니다.

당신도 날마다 이렇게 간절히 기도해야 합니다.

"아버지의 나라가 모임에 권능으로 임하소서."

정시 기도는 육신을 죽이는 작업이다

오래 기도할 때 기름 부으심이 나타납니다.

성경에 "예수는 물러가사 한적한 곳에서 기도하시니라"(눅 5:16)고 했습니다. 요단강에서 성령을 받으신 예수님이 새로운 성령을 받은 적은 없지만 그 성령님의 나타나심을 위해 매일 꾸준히 하신 일이 하나 있습니다. 3년 동안 매일 습관을 좇아 최우선 순위에 두고 하신 일인데 그것은 곧 '오래 기도하는 일'이었습니다. 당신도 기름 부으심이 나타나려면 예수님처럼 오래 기도해야 합니다.

예수님은 한적한 곳에 가서 혼자 오래 기도하셨습니다.

예수님은 10분, 20분이 아닌 한나절 또는 종일, 그리고 며칠간 기도에 전념하셨습니다. 예수님은 한량없는 성령을 받은 분인데 그런 분이 그렇게 오래 기도하셨다면 우리도 당연히 오래 기도해야 합니다. 오래 기도하십시오.

예수님은 사역하기 전 새벽 미명에 일어나 따로 가서 혼자 오래 기도하셨고, 사역하는 중에 무리를 떠나 따로 한적한 곳에 가서 혼자 오래 기도하셨고, 사역이 끝난 후에도 해변이나 들판에 가서 따로 혼자 오래 기도하셨습니다. 그분은 때로 밤을 새워 기도하셨습니다.

예수님은 하나님이지만 자기를 다 비우고 인간의 몸으로 오셨기 때문에 '육신을 죽이고 성령님의 기름 부으심이 나타나도록 하기 위해' 오래 기도하셔야 했습니다.

오래 기도하면 육신이 죽고 영이 강해집니다.

"나는 그리스도와 함께 이미 십자가에 못 박혀 죽었는데요? 한번 죽었으면 끝난 것 아닌가요?"

아닙니다. 바울은 "나는 날마다 죽노라"고 했고 또 "내 몸을 쳐서 복종시킨다"고 했습니다. 어떻게 쳐서 복종시킵니까? 몽둥이로 자기나 남의 몸을 치는 것이 아닙니다. 기도로 육신을 칩니다. 예수님은 기도를 통해 육신을 쳐서 복종시키며 아버지의 뜻을 구하고 받아들였습니다. 그분은 '기도의 절대성'에 대해 이렇게 말씀하셨습니다.

"기도 외에는 다른 것으로는 이런 유가 나갈 수 없다."

오래 기도하신 예수님이 그렇다면 그런 것입니다.
풍성한 성령님의 기름 부으심을 나타내며 사역하는 모든 사람이 이구동성으로 '오랜 기도'를 강조합니다.
나도 사람들에게 오래 기도하라고 가르칩니다.
"오늘날 하나님께 쓰임 받는 수많은 방법과 기술이 난무하지만 결국은 기도의 자리로 가야 합니다. 오래 기도하며 예수님과 함께 시간을 보낼 때 성령님의 기름 부으심이 나타납니다. 이것이 모든 사람이 치러야 하는 유일한 대가입니다. 첫째도 기도, 둘째도 기도, 셋째도 기도입니다."

기도 시간을 잃으면 다 잃는다

당신은 기도 시간을 잃지 않았습니까?
기도 시간을 잃으면 다 잃습니다. 우리는 예수님처럼 어제나 오늘이나 변함없이 '기도에 헌신'해야 합니다. 그것도 한나절이나 종일 기도해야 합니다. 오래 기도하는 일을 소홀히 하면 원망과 불평이 생기고 영감을 잃습니다.

영감 곧 '영적인 감각'을 잃으면 큰 혼란이 생깁니다.

초대교회 사도들이 과부 접대하는 일에 빠져 기도하지 못하자 그런 일이 생겼습니다. 그들은 결단했습니다. "우리는 오로지 기도하는 일과 말씀 사역에 힘쓰리라."(행 6:4) 오래 기도할 때 '주의 말씀'이 살아 움직입니다.

주의 종은 기도하는 것을 '주된 일'로 삼아야 합니다.

나는 종일 기도합니다. 종일 기노는 9시~6시까지 9시간 기도하는 것을 말합니다. 그렇게 오래 기도하느냐고요? 더 할 때도 있는데 10시간, 12시간 기도합니다.

내 힘으로 기도하는 것이 아닙니다. 성령님의 기름 부으심을 따라 물 흘러가듯이 기도하기 때문에 하루가 금방 지나갑니다. 나는 어떤 큰일이 생겨도 기도하면서 무릎 꿇고 주님께 묻고 성령님의 인도하심을 받습니다.

우리 모두 예수님과 바울처럼 오래 기도합시다.

성령님이 마음대로 일하시게 하라

성령님은 '종의 영'이 아닌 '주의 영'이십니다.

성령님의 기름 부으심은 내가 임의로 할 수 있는 것이 아닌 주님이 임의로 행하시는 영역입니다. 그러므로 그분의 운행하심을 내가 임의로 조종하려고 하지 말고 성령님이 알아서 '마음대로' 일하시도록 사역 현장을 그분께 완전히 양도해야 합니다. 성경에 '병을 고치는 종의 능력'이라고 하지 않고 '병을 고치는 주의 능력'이라고 했습니다.

하나님은 종이 아닌 주인이십니다.

"하루는 가르치실 때에 갈릴리의 각 마을과 유대와 예루살렘에서 온 바리새인과 율법교사들이 앉았는데 '병을 고치는 주의 능력'이 예수와 함께 하더라."(눅 5:17)

예수님은 이러한 능력이 나타나기 전에 기도하러 외딴데로 가셨는데 가서 5분이나 10분 만에 돌아오신 것이 아니었습니다. 그 후에 며칠이라는 시간이 지났습니다. 많은 경우 예수님은 한나절 또는 종일, 그리고 며칠 동안 오로지 기도에만 힘쓰셨습니다. 기도에 헌신하셨던 것입니다.

당신은 다른 스케줄 없이 그렇게 보낼 수 있나요?

예수님은 다른 것을 하러 한적한 곳에 따로 가신 것이 아니었습니다. 몸살이 나서 쉬러 가신 것도 아니고 골프 치러, 등산하러, 공부하러, 여행하러, 잔치하러 가지도 않으셨습니다. 그분은 오로지 기도하러 가셨습니다.

그 후 어느 날 예수님이 가르치셨습니다. 그때 갈릴리 및 유대의 모든 마을과 예루살렘에서 온 바리새파 사람들과 율법교사들이 둘러앉아 있었습니다. 그때 주님의 능력이 함께 하셨고 예수님은 많은 병자를 고치셨습니다.

성경에는 "주의 권능, 주의 능력, 주의 영, 주의 성령"이라는 표현이 나옵니다. 이것은 모두 주도권이 그분에게 있음을 말합니다. 성령님의 기름 부으심에 대한 주도권은 사람에게 있지 않고 주님께 있습니다. 이해되십니까?

당신과 나는 주인이 아닌 '주의 종'입니다. 주의 종은 주인의 음성을 듣고 순종하는 자입니다. 주인이 가만있는데 종이 앞서서 뭔가를 주도하거나 행하면 안 됩니다.

집회를 인도할 때도 먼저 온몸에 힘을 빼십시오.

그리고 작은 목소리로 기도하고 찬송하면서 당신에게 임한 주의 성령 곧 기름 부으심에 대한 말씀을 전파하기 시작하십시오. 주인이신 성령님께 마음대로 역사해 달라고 부탁하십시오. 눈을 뜨고 성령님이 집회 장소에서 운행하시는 것을 자세히 살피며 그것을 따라 움직이십시오.

많은 경우 나는 기름 부으심이 나타날 때까지 편안한 마음으로 기도하고 찬송하며 기다립니다. 내가 먼저 시작할 수 없습니다. 주의 영이 먼저 시작하십니다. 주의 영이 모임 위에 운행하며 병든 자를 치유하고 악한 영의 정체를 드러내십니다. 그러면 나도 손을 내밀며 참여합니다.

성령님은 한 분이시지만 은사와 직분은 각 사람마다 다

릅니다. 성령의 나타남도 사람마다 각각 다릅니다.

"내가 너와 함께 하겠다"고 하신 하나님은 모세에게 본래 갖고 있던 그 지팡이를 손에 잡으라고 하셨고 그것을 통해 능력을 행하라고 하셨는데 다른 사람이 그 지팡이를 갖고 있다고 하나님의 능력이 나타나는 것은 아닙니다.

아론이 자기 지팡이를 통해 몇 번 기적을 행했지만 모세가 함께 있을 때만 가능했습니다. 하나님께서 아론이 아닌 모세에게 대표 권위의 기름을 부으셨던 것입니다.

그렇다면 본래 아론에게 주신 능력은 무엇일까요?

'말 잘하는 능력'이었습니다. 그것은 본래부터 그가 갖고 있었던 것이며, 모세가 본래부터 갖고 있었던 것은 '목자의 지팡이'였습니다. 하나님은 말을 잘 못한다며 부정적인 태도를 보였던 모세에게 '말 잘하는 능력'을 더해 주지 않고 '말 잘하는 아론'을 곁에 붙여 주셨으며 본래 갖고 있던 지팡이를 다시 손에 잡고 그것으로 능력을 행하라고 하셨습니다. 하나님은 이런 방식으로 일하십니다.

모세가 아론처럼 말을 잘하고 싶다고 죽도록 노력해도 안 됩니다. 아론이 모세처럼 능력을 행하고 싶다고 죽도록 노력해도 안 됩니다. 각자의 부르심과 은사가 다릅니다.

이삭은 아브라함처럼 되려고 하지 않았고 야곱은 이삭처럼 되려고 하지 않았습니다. 요셉은 야곱처럼 되려고 하지 않았고 모세는 요셉처럼 되려고 하지 않았습니다.

다윗은 모세처럼 되려고 하지 않았고 솔로몬은 다윗처럼 되려고 하지 않았습니다. 욥은 솔로몬처럼 되려고 하지 않았습니다. 이사야, 예레미야, 요나 등 모두 그렇습니다.

그들은 각자 기름 부으심이 달랐고 독보적인 길을 갔습니다. 이것이 행복의 비결입니다. 당신은 어떤가요?

당신에게 본래 없었던 것을 당신의 땀과 피와 눈물로 쟁취하려고 또 그것을 키우겠다며 몸부림치지 마십시오.

그런 어리석은 일에 목숨 걸지 마십시오. 그러면 당신의 인생을 엉뚱한 일에 다 소진하고 말 것입니다.

실제로 그런 사람이 있습니다. 그는 30년간 다른 사역자에 대한 연구를 하고 그것을 따라 하려고 애썼습니다.

하지만 결국 외로운 늑대처럼 혼자만 남고 아무것도 얻지 못했습니다. 흉내 낸 기름 부으심에는 열매가 없습니다. 마귀와 육신은 그렇게 당신을 속입니다. 당신이 본래 갖고 있었던 것이 무언인지 살피고 그것을 사용하십시오.

처음에 받은 은사와 부르심이 무엇인지 확인하십시오.

바울은 디모데에게 자신에게 없는 다른 은사에 목매지 말고 이미 있는 은사를 잘 사용하라고 권했습니다.

"네 속에 있는 은사 곧 장로의 회에서 안수 받을 때에 예

언을 통하여 받은 것을 가볍게 여기지 말며."(딤전 4:14)

첫째, "네 속에 있는 은사를 가볍게 여기지 말라"고 했습니다. 당신 속에 있는 은사는 어떤 것입니까? 왜 그것을 가볍게 여기고 당신 바깥에 있는 은사에 집착합니까?

둘째, "곧 장로의 회에서 안수 받을 때에 예언을 통하여 받은 것을 가볍게 여기지 말며"라고 했습니다. 언제 받았다고요? 장로의 회에서 안수 받을 때에 예언을 통하여 받은 것이라고 했습니다. 이것은 '직분의 은사'가 아닌 일 곧 '사역에 대해 안수와 예언을 통하여 받은 은사'입니다.

셋째, "가볍게 여긴다"는 말은 '소홀히 여긴다'는 뜻입니다. 당신 속에 있는 은사는 소홀히 여기고 다른 사람에게 있는 은사를 모방하겠다고 인생을 소진하면 안 됩니다.

당신 속에 하나님이 이미 주셔서 가지고 있는 은사를 귀하게 여기고 그것을 최대한 활용해야 합니다.

"이 모든 일에 전심전력하여 너의 성숙함을 모든 사람에게 나타나게 하라."(딤전 4:15)

당신이 받은 은사에 전심전력하십시오. 당신의 성숙함을 모든 사람에게 나타나게 하십시오. 거기에 하나님의 기름 부으심이 있을 것입니다. 이것은 다른 유명한 사역자를 모방하려는 악한 유혹과 탐심에서 벗어나게 합니다.

디모데에게 어떤 은사가 있었습니까? '가르침의 은사'였습니다. 바울은 디모데에게 이렇게 말했습니다.

"네가 네 자신과 가르침을 살펴 이 일을 계속하라. 이것을 행함으로 네 자신과 네게 듣는 자를 구원하리라."(딤전 4:16)

이것이 무슨 말입니까? 〈새번역〉에 이렇게 나옵니다.

"그대 자신과 그대의 가르침을 살피라. 이런 일을 계속하라. 이렇게 함으로써, 그대 자신도 구원하고 그대의 말을 듣는 사람들도 구원할 것이다."

이것은 '영혼 구원에 대한 말씀'이 아닙니다. '사역에서 미끄러진 것에 대해 구원을 얻는다는 말씀'입니다. 디모데는 자신이 받은 은사를 소홀히 여겼고 그로 인해 '자신의 사역'과 '그의 말을 듣는 사람들'을 모두 소홀히 여기고 잃게 되었습니다. '그 두 가지에서의 구원'을 말합니다.

디모데가 영혼 구원을 받지 않은 불신자였습니까? 아닙니다. '구원'이란 구덩이에 빠졌을 때 건져내는 것입니다.

디모데는 구원에서 떨어진 것이 아닙니다. 사역에서 떨어진 것입니다. 그로 인해 성도들에게도 혼란이 왔습니다. 초대 교회 사도들이 기도하는 일과 말씀 사역을 소홀히 여기고 '과부 접대하는 것'을 주된 일로 삼았을 때 나타난 것과 동일한 현상이 디모데에게도 나타난 것입니다.

나도 한 때 과부 접대하는 일에 미혹된 적이 있었습니다. 그 일이 더 좋아 보였던 것입니다. 그런데 주님은 그렇게 하지 말고 '네 속에 있는 은사를 따라 일하라'며 책망하셨습니다. 당신도 그렇습니다. 어떤 세계적인 사역자라 할지라도 그를 모방하려고 힘쓰고 애쓰지 마십시오.

기름 부으심의 비결은 모방이 아닌 자신에게 주어진 '독특한 기름 부으심'을 발견하는데 있습니다. 당신에게만 주신 독보적이고 특별한 기름 부으심이 있을 것입니다.

그것이 곧 모세의 지팡이이며, 당신도 그것을 다시 손에 잡아야 합니다. 그것이 당신에게 주신 유일한 기름 부으심입니다. 그 기름 부으심으로 일하기 시작하십시오.

주님께서 당신에게 이렇게 말씀하십니다.

"네 속에 있는 은사를 따라 일하라."

기름 부으심을 더 많이 나타내는 방법

당신은 '기름 부으심에 대한 말씀'이 있습니까?

나는 20세에 길을 걷던 중 갑자기 내게 임하신 성령님을 만났습니다. 즉시 가까운 교회에 들어가 무릎 꿇고 얼굴을 눈물로 흠뻑 적시며 회개하기 시작했는데 내 입에서 생전 알지 못하는 방언이 흘러나왔습니다. 그때 나는 비둘기 같은 성령이 내게 임하셨다는 것을 알게 되었습니다.

그 후로 30년 동안 전국과 세계를 다니며 복음을 전하고 안수했는데 수많은 표적과 기사가 나타났습니다.

나는 그동안 내 삶과 사역에 더 많은 성령님의 기름 부으심이 나타나기를 원한다고 하나님께 간구했습니다. 예수님은 "성령을 구하고 찾고 두드리라"고 하셨습니다.

예수님이 하신 '주기도문'(눅 11:1~4)에 대한 가르침과 '떡 세 덩이에 대한 비유'(눅 11:5~13)는 말씀의 떡이나 재정의 떡을 가리키는 것이 아닙니다. 성령을 가리킵니다.

결론이 "구하는 자에게 '성령'을 주시지 않겠느냐"이기 때문입니다. 여기서 말하는 성령은 자신에게 필요한 성령이 아닌 친구를 위한 성령 곧 '사역을 위한 성령'입니다.

예수님은 자신을 위한 성령이 모자란다며 '추가 성령'을 구하지 않았습니다. 그분은 한량없는 성령을 받으셨습니다. 당신도 그렇습니다. 성령님은 크신 하나님입니다.

우리는 자신을 위한 성령을 추가로 더 구할 필요가 없습니다. 오직 다른 사람을 위한 더 많은 성령의 나타남이 필요할 뿐입니다. 나는 이 문제를 주님께 물었습니다.

'주님, 어떻게 하면 수천수만 배의 기름 부으심이 나타날 수 있나요? 예수님과 베드로, 바울과 같이 옷자락만 만져도 그림자만 지나가도 손수건과 앞치마만 던져도 기름 부으심이 나타나기를 원합니다. 전국과 세계를 다니며 전도 집회를 열고 수억 명을 영혼을 구원하고 치유하기 원합니다. 그것을 막고 있는 장애물은 뭔가요? 알려주세요.'

주님은 우리가 묻지 않으면 수십 년이 지나도 말씀하지 않으십니다. 내가 그렇게 묻자 주님께서 말씀하셨습니다.

'내가 네게 준 기름 부으심이 증가하기를 원한다면 너는 기름 부으심에 대한 말씀을 연구해야 한다. 네가 원하는 어떤 것이 네게 없다는 것은 그것에 대한 말씀이 없기 때문이다. 먼저 말씀이 있어야 그 후에 그것을 얻을 수 있다.'

나는 정말 내가 그렇다는 사실을 확인하게 되었습니다.

바울은 "그리스도의 말씀이 너희 속에 풍성히 거하게 하라"(골 3:16)고 했습니다. 그리스도는 '기름 부으심을 받은 자'란 뜻입니다. 그러므로 이것은 기름 부으심에 대한 말씀이 풍성히 거하게 해야 한다는 의미입니다.

예수님이 어떻게 기름 부으심을 받았는지 또 어떻게 그것을 사역 가운데 나타내고 증가시키셨는지 성경을 자세히 연구하고 그것에 대한 말씀이 내 안에 풍성히 거하게 해야 기름 부으심이 더 풍성히 나타난다는 말씀입니다.

나는 그날부터 매일 기도하면서 성경에서 말하는 '기름 부으심에 대한 말씀'을 찾아 연구하기 시작했습니다. 그러자 기름 부으심이 날마다 더 증가하게 되었습니다.

당신에게 기름 부으심이 없는 것은 기름 부으심에 대한 말씀이 없기 때문입니다. 하나님은 주의 종들에게 어떤 일을 행하시기 전에 먼저 말씀부터 주십니다. 주의 말씀이 먼저입니다. 말씀이 없는데 무엇을 기대할 수 있겠습니까? 하나님의 모든 권능은 말씀을 통해 역사합니다.

주의 이름을 12가지나 알고 외운다고요? 잘하고 있습니다. 하지만 주의 이름보다 주의 말씀이 먼저 있었습니다. 주의 이름은 사람들과의 관계에 있어 나중에 계시된 것입니다. "주께서 주의 말씀을 주의 모든 이름보다 높게 하셨음이라"(시 138:2)고 성경에 분명히 말씀합니다.

태초에 말씀이 있었습니다. 그 말씀이 육신이 되어 우리 가운데 오신 분이 예수님이시며, 예수의 영이신 성령님도 먼저 당신에게 말씀을 깨닫게 하시고 그 말씀을 이루기 위해 일하십니다. 그러므로 무엇보다 '주의 말씀'을 사모하십시오. 그런 다음에 기름 부으심이 나타날 것입니다.

당신에게 기름 부으심에 대한 말씀이 없다면 그것을 얻을 수 없습니다. 기름 부으심이 더 많이 나타나기를 사모한다면 기름 부으심에 대한 말씀을 먼저 알아야 합니다.

그 말씀은 이미 성경을 통해 우리에게 다 주어져 있습니다. 우리는 그것을 찾고 연구하면 됩니다. 선지자들도 성경을 연구하고 부지런히 살폈습니다. "이 구원에 대하여는 너희에게 임할 은혜를 예언하던 선지자들이 연구하고 부지런히 살펴서"(벧전 1:10)라고 했습니다.

기름 부으심에 대한 말씀도 연구하고 부지런히 살피십시오. 그리고 사모하면 그것이 나타나게 될 것입니다.

기름 부으심이 가져오는 결과들

기름 부으심은 어떤 결과를 가져올까요?

예수님은 "무엇이든지 기도하고 구하는 것은 받은 줄로 믿으라. 그리하면 너희에게 그대로 되리라"(막 11:24)고 하셨습니다. 받았다면 그 결과가 무엇인지 알아야 합니다.

당신이 만약 기름 부으심을 구했다면 받았다고 믿고 그 결과 곧 끝에서부터 살펴야 합니다. 기름 부으심의 결과에 대해 성경은 이렇게 말합니다. 이 구절을 암송하십시오.

"그 날에 그의 무거운 짐이 네 어깨에서 떠나고 그의 멍에가 네 목에서 벗어지되 기름진 까닭에 멍에가 부러지리라."(사 10:27)

첫째, 그들의 무거운 짐이 그들의 어깨에서 떠납니다.
둘째, 원수의 멍에가 그들의 목에서 벗어집니다.
셋째, 기름진 까닭에 모든 멍에가 부러집니다.

사람들의 무거운 짐은 무엇일까요? 마귀로부터 오는 죄와 목마름, 병과 가난, 어리석음과 징계와 죽음의 저주들입니다. 이런 것들이 떠나고 의와 성령 충만, 건강과 부요, 지혜와 평화와 생명이 삶과 사역에 가득해져야 합니다.

원수의 멍에는 '악한 영들의 고문'을 말합니다. 이 멍에를 진 사람은 염려와 근심, 불안과 공포에 사로 잡혀 악한 영의 노예로 살게 됩니다. 그런 사람에게 기름 부으심이 임하면 모든 멍에가 목에서 벗어집니다. 이러한 축사와 치유는 오직 성령님의 기름 부으심을 통해서만 주어집니다. 이러한 기름 부으심이 나타나기를 사모해야 합니다.

기름 부으심이 있으면 모든 일이 쉽고 가볍다

당신은 어렵고 무거운 방법으로 일하지 않습니까?

기름 부으심이 나타나지 않기 때문입니다. 기름 부으심이 눈에 보일 정도로 명백하게 나타나야 합니다. 그렇지 않으면 사역자는 인위적으로 목소리를 크게 하고 손에도 물리적인 힘을 넣게 됩니다. 성령님의 기름 부으심은 그런 외적인 것에 있지 않습니다. 목소리가 작아도 손에 힘을 넣지 않아도 기름 부으심 자체에 큰 권능이 있습니다.

육체의 힘을 빼고 항복하십시오. 당신이 힘을 빼면 성령님의 힘이 나타날 것입니다. 목소리도 자연스럽게 하고 손에도 인위적으로 힘을 넣지 마십시오. 그래도 성령님의 기름 부으심이 얼마든지 나타난다는 것을 믿으십시오.

사람들에게서 악한 영이 떨며 정체를 드러내고 소리를 지르며 떠나는 것, 온갖 불치의 병과 불구가 치유되는 것, 그들이 온전케 되는 것은 당신의 힘과 능력에 있지 않습니다. 오직 성령의 나타남과 능력에 있습니다.

초대교회 시절, 베드로는 어떻게 사역했습니까?

기름 부으심을 통해 축사와 치유를 했습니다. 성경은 "다 나음을 얻었다"고 말씀합니다. 이것이 정상입니다.

당신도 이런 기름 부으심을 사모하기 바랍니다.

구체적으로 무엇일까요?

첫째, 사도들의 손을 통하여 민간에 기름 부으심이 나타났습니다. 그들의 손에 기름 부으심이 있었던 것입니다.

"사도들의 손을 통하여 민간에 표적과 기사가 많이 일어나매 믿는 사람이 다 마음을 같이하여 솔로몬 행각에 모이고 그 나머지는 감히 그들과 상종하는 사람이 없으나 백성이 칭송하더라."(행 5:12~13)

"사도들의 손을 통하여 민간에 표적과 기사가 많이 일

어났다"고 했는데 오늘날은 왜 표적과 기사가 많이 일어나지 않습니까? 많이 일어나야 합니다. 그때보다 갑절로 일어나야 합니다. 그것도 기도원이나 교회 안에서만 아닌 '민간'이라고 했습니다. 그들이 시장에 갔을 때나 길을 걸을 때, 또는 개방된 공공장소나 각 사람의 집에서 그런 능력이 폭발적으로 나타났다는 말입니다. 그 정도로 성령님의 기름 부으심이 강하게 실제로 나타났던 것입니다.

기름 부으심은 교회 안에만 갇혀 있지 않았습니다.

예수님은 "너희는 온 천하에 다니라"고 하셨습니다.

온 천하에 다니며 기름 부으심을 나타내야 합니다.

길이나 시장에서 복음을 전하므로 사람들이 구원 받고 치유 받게 해야 합니다. 이것이 정상입니다. 하나님의 능력은 그 정도로 크며, 예배당 안에만 갇혀 있지 않습니다.

"손을 통하여"라는 말은 '안수'를 말합니다. 사도들은 병자에게 직접 손을 얹기도 했고 또 손을 앞으로 내밀어 큰 권능을 행하기도 했습니다. 사람들은 말합니다.

"그들은 사도잖아요. 우리는 사도가 아니기 때문에 그런 능력을 행할 수 없어요. 그리고 그때는 처음 교회를 세우기 위해 하나님이 기적을 베푸신 것이고 지금은 모든 기적이 중단되었다고 '기적 중단론'을 배웠어요."

그렇지 않습니다. 예수님은 사도들에게만 아니라 "믿는

자들에게는 이런 표적이 따른다. 곧 저희가 내 이름으로 귀신을 쫓아내며 병든 사람에게 손을 얹으면 낫는다"고 하셨습니다. 사람의 말이 아닌 예수님의 말씀을 믿으세요.

2,000년 전에 초대 교회 시절에 있었던 모든 기적은 중단되었다고 주장하는 것은 모두 마귀의 거짓말입니다.

2,000년 전에 있었던 모든 병자가 지금은 다 사라졌다고 주장하는 사람은 아무도 없지 않습니까? 죄인이 있으면 구원이 필요한 것처럼 악령이 있으면 축사도 필요하고 병자가 있으면 치유도 필요한 것입니다. 지금은 그때보다 인구가 더 늘어났고 질병과 악한 영도 더 만연합니다.

예수님은 "너희는 온 천하에 다니며 만민에게 복음을 전파하라. 믿고 세례를 받는 사람은 구원을 얻을 것이요 믿지 않는 사람은 정죄를 받으리라"고 하셨습니다.

이 말씀은 지금도 꼭 필요한 말씀입니다. 온 천하에 있는 모든 잃은 영혼이 구원받을 때까지 우리는 복음을 전파해야 합니다. 또한 이 구절과 함께 "너희가 귀신을 쫓아내며 병든 사람에게 손을 얹으면 낫는다"는 구절도 여전히 유효하고 그때보다 지금은 더욱 많이 요구됩니다.

"백성이 칭송했다"고 했습니다. 교회 안에 있는 믿는 자들이 아닌 믿지 않는 세상 사람들이 제자들을 칭찬했다는 말입니다. 왜 그럴까요? 구제 곧 접대 사역을 했기 때문이 아닙니다. 타락하고 병든 사람들을 구원하고 치유하는 권능의 기름 부으심이 엄청나게 나타났기 때문입니다.

둘째, 초대 교회는 남녀의 큰 무리를 감당할 수 있을 정도의 엄청나게 큰 기름 부으심이 나타났습니다.

"믿고 주께로 나아오는 자가 더 많으니 남녀의 큰 무리더라. 심지어 병든 사람을 메고 거리에 나가 침대와 요 위에 누이고 베드로가 지날 때에 혹 그의 그림자라도 누구에게 덮일까 바라고 예루살렘 부근의 수많은 사람들도 모여 병든 사람과 더러운 귀신에게 괴로움 받는 사람을 데리고 와서 다 나음을 얻으니라."(행 5:14~16)

성령님의 기름 부으심을 통해 표적과 기사가 나타나므로 믿고 주께로 나아오는 자가 더 많아졌습니다. 남녀의 큰 무리였습니다. 이 때 치유의 기름 부으심이 강하게 나타났습니다. 병든 사람을 메고 거리에 나가 침대와 요 위에 누였는데, 베드로의 그림자라도 덮이면 깨끗이 치유 받았습니다. 예루살렘만 아니라 그 부근의 병든 사람과 더러운 귀신에게 괴로움 받는 사람을 데리고 왔는데, 베드로를 통해 나타난 기름 부으심을 통해 다 나음을 얻었습니다.

"다 나음을 얻었다"는 말이 중요합니다. 우리는 이런 기름 부으심을 믿고 기대해야 합니다. 당신의 사역에서는 이런 기름 부으심이 있습니까? 왜 그때는 다 나았는데 지금은 다 낫지 않습니까? 왜 한두 명이 겨우 낫습니까?

그때의 기름 부으심은 다 어디에 갔습니까? 더 이상 필요 없는 시대가 온 것입니까? 아닙니다. 지금은 그때보다 인구도 더 많아졌고 사람들이 더 악해졌기 때문에 갑절의 영감이 필요한 시대인데, 구하지 않았기 때문입니다.

예수님은 "성령의 나타남을 구하라"고 하셨습니다.

악한 마귀는 자기의 때가 얼마 남지 않은 줄 알기 때문에 분노하여 이 땅을 두루 다니며 온갖 재앙을 일으키고 있습니다. 이러한 때에 당신은 더 큰 기름 부으심이 나타나기를 간구해야 합니다. 어떤 것입니까? 그림자만 덮여도 병이 다 낫고 더러운 귀신이 다 떠나가는 것입니다.

베드로의 그림자에는 사람의 큰 목소리가 없고 어떤 인위적인 힘도 없었습니다. 그림자 자체는 아무 힘이 없었습니다. 하지만 거기에 기름 부으심이 흐를 때 병든 사람과 더러운 귀신에게 괴로움 받는 사람이 다 나음을 얻었습니다. 당신의 그림자에도 이런 기름 부으심이 있습니까?

기름 부으심이 나타나기를 사모하라

당신은 어떤 기름 부으심을 구하고 있습니까?

자신이 어떤 결과를 얻을지 모르고 구하는 사람이 많습니다. "믿음은 바라는 것들의 실상이다"라고 했습니다.

당신이 바라는 것이 있어야 그것을 정확하게 구하고 또 구한 그것을 정확하게 받았다는 것을 알게 됩니다.

막연한 기도가 아닙니다. 막연한 기도에는 응답이 없습니다. 막연하게 좋은 차, 좋은 집, 좋은 음식, 좋은 것을 구할 수는 없습니다. 당신이 원하는 정확한 차와 집을 구해야 합니다. 나는 어떤 경우에도 막연한 기도를 하지 않고 항상 구체적으로 구하고 내가 구한대로 응답받습니다.

예수님은 제자들에게 "너희가 무엇이든지 기도하고 구하는 것은 받은 줄로 믿으라. 그러면 너희에게 그대로 될 것이다. 그리고 조금도 의심하지 말라"고 하셨습니다.

나는 10년 전에 집을 한 채 산 적이 있습니다.

나는 자녀가 네 명이기 때문에 정확하게 방 다섯 칸짜리 집을 구했고 그런 집을 기도 응답으로 받았습니다.

하나님은 내게 방 네 칸이나 세 칸짜리 집을 주지 않으셨습니다. 10년이 넘도록 몰고 있는 자동차도, 평생 같이 살고 있는 배우자도, 목회와 저술과 집회 등 모든 사역도 그렇습니다. 나는 구체적으로 구하고 응답받습니다.

당신도 구체적으로 자신이 바라는 것을 구하십시오.

뭔가를 바란다면 그것을 먼저 말로 듣든지 그림이나 사진으로 보아야 합니다. 예를 들어 '메르세데스 벤츠'라는 말을 한 번도 들어보지 못하고 그림이나 사진도 보지 못했다면 어떻게 그것이 있다는 것을 알고 하나님께 구할 수 있겠습니까? 나는 사람들에게 이렇게 말합니다.

"보면 그것을 구하고 얻게 된다."
"보면 그것을 찾고 결국 찾게 된다."
"보면 그것을 두드리고 문이 열리게 된다."

기름 부으심도 그렇습니다. 우리가 바라는 기름 부으심을 어디에서 찾고 볼 수 있겠습니까? 바로 성경입니다.

성경에 보면 이미 그것을 받은 사람들이 나옵니다. 베드로와 요한, 빌립과 스데반, 그리고 아주 강력한 기름 부으심을 받은 사람은 곧 바울입니다. 우리는 바울이 받은 기름 부으심을 보고 구해야 합니다. 그것이 무엇일까요?

첫째, 안수함으로 성령이 임하는 기름 부으심입니다.

"아볼로가 고린도에 있을 때에 바울이 윗 지방으로 다녀 에베소에 와서 어떤 제자들을 만나 이르되 너희가 믿을 때에 성령을 받았느냐 이르되 아니라 우리는 성령이 계심도 듣지 못하였노라. 바울이 이르되 그러면 너희가 무슨 세례를 받았느냐 대답하되 요한의 세례니라. 바울이 이르되 요한이 회개의 세례를 베풀며 백성에게 말하되 내 뒤에 오시는 이를 믿으라 하였으니 이는 곧 예수라 하거늘 그들이 듣고 주 예수의 이름으로 세례를 받으니 바울이 그들에게 안수하매 성령이 그들에게 임하시므로 방언도 하고 예언도 하니 모두 열두 사람쯤 되니라.”(행 19:1~7)

바울은 에베소에서 어떤 제자들을 만났습니다. 그리고 그들이 아직 성령 세례를 받지 않았음을 알고 물었습니다.

“너희가 믿을 때에 성령을 받았느냐?”

그들은 “받았는지 안 받았는지 모르겠다”고 하지 않았습니다. 분명하게 “아니라”고 했습니다. 그들은 또한 “우리는 성령이 계신지도 모른다. 그런 것을 들은 적이 없다”고 대답했습니다. 그때 바울이 예수 이름을 전하자 그들이 듣고 믿었고 주 예수의 이름으로 세례를 받았습니다.

그리고 바울이 그들에게 안수하자 성령이 임하셨습니다. 그들은 방언도 하고 예언도 했습니다.

내게도 그런 일이 있었습니다.

20대에 나는 한 대학교의 기독 동아리를 방문했습니다.

거기에 친구가 있었기 때문입니다. 그곳에 열 명 정도가 모여 이야기하고 있었는데 나는 입을 열어 말했습니다.

“여러분도 성령을 받아야 합니다. 성령을 받으면 권능을 받고 죄를 이길 수 있고 거룩한 삶을 살 수 있습니다.”

그러면서 사도행전 2장, 8장, 10장, 19장의 내용을 말했는데 갑자기 한 청년이 즉시 대꾸하며 말했습니다.

“그러면 당신이 사도 바울이란 말인가요? 우리에게 안수하면 성령이 임한다는 거예요?”

그러자 옆에 있던 내 친구가 당황하며 말했습니다.

“아, 그런 건 아닙니다. 다음에 기회가 되면 우리 함께 기도하는 시간을 만들면 될 것 같아요.”

그 순간 나는 목에 힘을 주며 말했습니다.

“그렇습니다. 내가 사도는 아니지만 예수님이 내 이름으로 무엇이든지 구하면 내가 행하리라 하셨으니 지금 기도하면 성령이 임하고 다 방언을 받게 될 것입니다.”

그리고 내가 짧게 잠깐 몇 마디 기도한 후에 모두 합심으로 기도하기 시작했는데 갑자기 성령님의 기름 부으심이 그 자리에 강하게 임했습니다. 그리고 그들 모두 성령을 받고 입에서 방언을 말하기 시작했습니다. 기도하는 중간에 몇 명이 더 들어왔는데 모두 열두 명쯤 되었습니다.

한 청년은 회개하면서 담배를 꺼내 버렸습니다.

바울이 에베소에서 열두 명에게 안수함으로 그들이 모두 성령을 받고 방언을 말하게 됐던 그 일이 그때도 동일하게 일어난 것입니다. 사도행전 9장에 나오는 아나니아(Ananiah)는 사도가 아닌 평신도였습니다. 그런 그가 주님의 음성을 듣고 순종하여 안수했는데 즉시 바울의 눈이 치유 받고 성령으로 충만케 되었습니다.(행 9:10 ~17)

당신도 믿음으로 안수하면 그런 일이 일어납니다.

안수할 때는 강하고 담대해야 합니다. 믿음으로 담대하게 당신이 손을 얹을 때 예수님이 함께 역사하십니다.

둘째, 담대히 하나님 나라에 관하여 강론하며 권면하는 '설교의 기름 부으심'입니다.

"바울이 회당에 들어가 석 달 동안 담대히 하나님 나라에 관하여 강론하며 권면하되 어떤 사람들은 마음이 굳어 순종하지 않고 무리 앞에서 이 도를 비방하거늘 바울이 그들을 떠나 제자들을 따로 세우고 두란노 서원에서 날마다 강론하니라. 두 해 동안 이같이 하니 아시아에 사는 자는 유대인이나 헬라인이나 다 주의 말씀을 듣더라."(행 19:8~10)

이것은 곧 '지혜의 말씀의 은사'와 함께 역사합니다.

당신도 이 은사를 사모하기 바랍니다. 이 은사 때문에 나는 설교에 대한 부담이 조금도 없습니다. 단지 육신을 죽이기 위해 오래 기도할 뿐입니다. 5~10시간 정도 기도합니다. 그러면 설교의 기름 부으심이 강하게 나타납니다.

많은 목회자들이 설교에 대해 엄청난 부담을 갖고 있습니다. 설교하는 것이 너무 쉽고 가벼워 한번이라도 더 많이 설교하고 싶다고 생각하기보다는 설교하는 것이 너무 어렵고 힘들어 한번이라도 더 적게 설교하고 싶다고 생각하는 사람들이 실제로 많습니다. 설교한 경력이 수십 년이 되어도 그렇습니다. 왜 그럴까요? 설교의 기름 부으심이 아닌 자기 힘으로 설교하려고 하기 때문입니다.

나는 설교하는 것이 쉽고 가볍습니다. 내 힘으로 하지 않고 설교의 기름 부으심을 따라 하기 때문입니다.

바울은 어떻게 설교했을까요? "회당에 들어가 석 달 동안 담대히 하나님 나라에 관하여 강론하며 권면했다"고 했습니다. 여기서 설교의 기름 부으심이 나타나는 비결이 있습니다. 무엇일까요? 1) 담대해야 합니다. 바울은 담대히 설교했습니다. 사람을 두려워하지 말고 담대히 설교할 때 기름 부으심이 나타납니다. 2) 하나님 나라 복음을 전해야 합니다. 바울은 '하나님 나라에 관하여' 강론하며 권면했습니다. 설교자는 '세상 나라에 관하여' 전하지 말아야 합니다. 하나님 나라만 빼고 온갖 잡다한 뉴스를 전하는 설교자가 있는데, 하나님 나라가 뭔지 몰라서 그렇습니다.

3) 바울은 성경을 강론하며 권면했습니다. 성경을 풀어 설명하며 가르쳤다는 말입니다. 바울은 단순히 히브리어,

헬라어, 영어, 명언과 철학 등을 곁들여 미사여구로 설교한 것이 아닙니다. 오래 기도함으로 예수님께 안약을 사서 발라 영적인 눈을 뜨고 성경 말씀이 무엇을 뜻하는지 정확히 깨닫고 그걸 해설하며 대화하듯이 가르쳤습니다.

나는 이런 방식으로 책을 쓰고 설교합니다.

"강론하며 권면한다는 것은 '말씀의 뜻을 해설하며 대화하듯이 가르치는 것'을 말한다. 이것이 천재적인 의사소통 방식이고 지혜의 말씀의 은사도 이렇게 나타난다."

부활하신 예수님은 엠마오로 가는 길에 두 제자에게 성경을 풀어 자신에 대해 설명하며 가르치셨는데 그때 그들의 가슴이 뜨거워졌습니다. "그들이 서로 말하되 길에서 우리에게 말씀하시고 우리에게 성경을 풀어 주실 때에 우리 속에서 마음이 뜨겁지 아니하더냐 하고."(눅 24:32)

성경은 처음부터 끝까지 오직 예수에 대해 이야기하고 있습니다. 그런데 오늘날 예수만 빼고 다 전하는 설교자들이 많습니다. 회개해야 합니다. 왜 그런 일이 생길까요?

오래 기도하지 않고 짧은 육신의 생각으로 설교를 준비하기 때문입니다. 오래 기도하면 육신의 생각이 사라지고 영의 생각만 남습니다. 그러면 마음과 몸에 성령님의 기름 부으심이 넘치게 되고 눈에 오직 예수만 보이게 됩니다.

"오직 예수만 보이더라."(눅 9:36)

당신도 성경을 읽을 때 오직 예수만 보여야 합니다.

성경을 읽어도 잘 깨달아지지 않는다면 오래 기도함으로 값을 지불하고 안약을 사서 눈에 발라 보게 하십시오.

예수님이 눈 뜬 소경 같은 주의 종들에게 "안약을 사서 눈에 발라 보게 하라"고 하셨습니다. 바울은 회당에 들어가 설교했는데, 회당에는 성경 전문가들이 많았습니다.

거기에서 무엇을 전했습니까? '오직 예수'입니다.

우리는 성령님께 도움을 구하는 기도를 해야 합니다.

"성령님, 예수님만 전하게 해주세요."

셋째, 손으로 놀라운 능력을 행하는 기름 부으심입니다. 이런 능력을 사모하십시오.

"하나님이 바울의 손으로 놀라운 능력을 행하게 하시니 심지어 사람들이 바울의 몸에서 손수건이나 앞치마를 가져다가 병든 사람에게 얹으면 그 병이 떠나고 악귀도 나가더라."(행 19:11~12)

바울에게 성령님의 기름 부으심이 나타나니까 손으로 놀라운 능력을 행하게 되었습니다. 심지어 바울의 몸에서 손수건이나 앞치마를 가져다가 병든 사람에게 얹으면 그 병이 떠나고 악귀도 나갔습니다. 기적이 일어난 것입니다.

당신도 이러한 능력의 기름 부으심을 구하십시오. 여기에 능력을 나타내기 위한 인간적인 몸부림이 없었습니다.

기름 부으심이 손수건과 앞치마에 전이되었습니다.

나병환자였던 나아만 장군이 선지자에게 그래 주길 바랐던 것처럼 병든 사람의 몸 위에 손을 흔들 필요가 없습니다. 악귀를 쫓아내기 위해 고래고래 고함을 질러야 할 필요도 없습니다. 기름 부으심이 강하면 몸에 있는 손수건이나 앞치마만 얹어도 병이 떠나고 악귀도 나갑니다.

어떤 사람은 손수건이나 앞치마가 특별하다고 생각하고 흉내 내려고 하는데, 그것은 미련한 생각입니다. 정말로 대단한 것은 거기에 담겨진 기름 부으심입니다.

기름 부으심은 큰소리를 지르거나 사람을 세게 누르거나 할 필요가 없습니다. 기름 부으심 자체에 큰 능력이 있고 강한 힘이 있기 때문입니다. 이처럼 쉽고 가벼운 방식으로 기름 부으심을 행하며 나타내기를 사모하십시오.

기름 부으심의 힘은 막강하고 방식은 단순합니다.

기름 부으심은 온갖 잔머리를 굴리는 사람의 지혜가 아닌 단순하고 간결하지만 원자폭탄보다 더 강한 하나님의 능력입니다. 인간적인 노력과 방법, 큰 목소리와 힘을 버리고 기름 부으심 자체의 강한 능력을 믿으십시오.

나는 설교하거나 찬양할 때 기름 부으심이 강하게 나타

나면 사람들 속에 숨어 있던 악한 귀신들이 견디지 못하고 정체를 드러내는 것을 보았습니다. 그들에게 예수 이름으로 "나가"라고 명령하면 항복하고 나갔습니다. 때로는 성도들 집에 심방 가서 몇 사람이 둘러 앉아 조용히 찬송을 불러도 귀신이 정체를 드러냈고 내가 안수할 때 귀신이 소리를 지르며 병과 저주를 가지고 떠나갔습니다.

한번은 대 심방 기간 중에 한 청년의 집에 아내와 함께 심방 갔는데 조용히 찬송을 한 장 부르는 중에 갑자기 그 청년 안에 있던 귀신이 정체를 드러냈습니다. 그에게 손을 얹자 "내가 애를 죽이려고 어릴 때 들어왔다. 애는 물에도 빠지고 불에도 빠져 죽을 거야"라고 했습니다. 내가 예수 이름으로 나가라고 꾸짖자 항복하고 떠나갔습니다.

나는 평소에 꾸준히 예수님과 함께 골방에 앉아 오래 기도할 뿐 이러한 능력을 위해 특별히 힘쓰고 애쓰는 것은 없습니다. 성령님의 기름 부으심이 그 일을 행하신 것입니다. 당신에게도 이러한 기름 부으심이 넘치기 바랍니다.

넷째, 기름 부으심이 없으면 큰 부끄러움과 수치를 당합니다. 기름 부으심이 없다면 함부로 사역하지 마십시오.

"이에 돌아다니며 마술하는 어떤 유대인들이 시험 삼아 악귀 들린 자들에게 주 예수의 이름을 불러 말하되 내가 바울이 전파하는 예수를 의지하여 너희에게 명하노라 하더라. 유대의 한 제사장 스게와의 일곱 아들도 이 일을 행하더니 악귀가 대답하여 이르되 내가 예수도 알고 바울도 알거니와 너희는 누구냐 하며 악귀 들린 사람이 그들에게 뛰어올라 눌러 이기니 그들이 상하여 벗은 몸으로 그 집에서 도망하는지라."(행 19:13~16)

기름 부으심이 없으면 유대인이라도 마술을 하게 되고 시험 삼아 축사와 치유 사역을 하게 됩니다. 기름 부으심이 없으면 아무리 예수의 이름을 크게 외치고 바울이 전하는 예수를 의지해도 능력이 나타나지 않습니다.

기름 부으심이 없는 사람은 함부로 치유와 축사를 위한 안수를 하면 안 됩니다. 그럴 경우 오히려 악귀 들린 사람이 그에게 뛰어올라 눌러 이기고, 그의 몸이 상하고 벗은 몸으로 그 집에서 도망치게 될 수도 있습니다.

나도 그런 경우를 보았습니다. 하지만 기름 부으심이 있으면 전혀 다른 상황이 펼쳐집니다. 기름 부으심과 함께 예수님이 나타나시므로 귀신이 도리어 덜덜 떨게 됩니다.

내가 사람들에게 손을 내밀어 안수하면 귀신들이 무섭다고 덜덜 떱니다. 그리고 주 예수 이름으로 명령하면 귀신이 쫓겨 나갑니다. 그러므로 우리는 평소에 기도를 많이 해야 합니다. 3시간, 5시간, 10시간 기도해야 합니다.

또한 귀신들린 자를 만나면 강하고 담대해야 합니다. 그럴 때 주님이 함께 하십니다. 조금이라도 두려운 기색을 내면 안 됩니다. 바울은 전에 스게와의 일곱 아들보다 더 나빴습니다. 그는 "내가 전에 비방자요 박해자요 폭행자였다"(딤전 1:13)라고 했습니다. 하지만 다메섹 도상에서 예수를 만난 후로는 회개하고 '율법에 충성'했던 그가 '복음에 충성'했습니다. 그리고 "하나님이 나를 충성되이 여겨 내게 직분을 맡기셨다"(딤전 1:12)고 고백했습니다.

또한 그는 예루살렘에만 머물러 있지 않고 지경을 넓혀 온 유대와 사마리아와 땅 끝까지 복음을 전했습니다.

그는 성령님의 인도하심을 따라 계속 움직였습니다.

그러자 그의 기름 부으심도 점차 증가했습니다. 그는 교사였고 선지자였습니다. "안디옥 교회에 선지자들과 교사들이 있으니, 사울이라"(행 13:1)고 했습니다. 그는 주를 섬겨 금식했습니다.(행 13:2) 그리고 성령의 보내심을 받고 다른 지역으로 가서 '복음 전도자'가 되었습니다.

그리고 14장 3절에 바나바와 사울에 대해 "두 사도가 오래 있어 주를 힘입어 담대히 말하니 주께서 그들의 손으로 표적과 기사를 행하게 하여 주사 자기 은혜의 말씀을 증언하셨다"고 했습니다. 바울은 미지근한 상태로 한 자리에 머물러 있지 않고 계속 움직이며 성장했습니다.

주님은 미지근한 사람에게 말씀하십니다.

"네가 차지도 아니하고 더웁지도 아니하다. 나는 네가 차든지 뜨겁든지 하기를 원한다. 이같이 미지근하면 내 입에서 너를 토하여 내치겠다."(계3:15~16)

혹시 당신은 미지근한 마음으로 '나를 향한 기름 부으심은 이 정도면 됐어. 더 이상 무엇을 바라겠어. 멈추자'라고 생각하지 않습니까? 그러면 안 됩니다. 일어나십시오.

베드로와 바울, 예수님처럼 기름 부으심이 나타나기를 간구하십시오. 이를 위해 항상 성령 안에서 기도하고 깨어 구하기를 힘쓰십시오. 우리는 날마다 정신을 차리고 깨어 기도해야 합니다. 더 많이 기도해야 합니다. 그리고 더 큰 치유와 축사의 기름 부으심이 나타나길 간구해야 합니다.

예수님은 "왜 우리에게는 그런 능력이 없냐?"고 묻는 제자들에게 "기도 외에는 다른 것으로는 이런 유가 나갈 수 없다"고 딱 잘라 말씀하셨습니다. 이것은 5분, 10분 하는 기도를 말하는 것이 아닙니다. 예수님이 기도하신 것처럼 한나절 또는 종일 기도에 헌신하는 것을 말합니다.

당신도 '종일 기도'에 헌신하기 바랍니다. 오래 기도할 때 권능의 흰옷을 사서 입게 됩니다. "흰 옷을 사서 입어 벌거벗은 수치를 보이지 않게 하라."(계 3:18)

예수님은 차든지 뜨겁든지 하라고 말씀하셨습니다. 기

도를 안 하면 차가워지고 기도를 많이 하면 뜨거워집니다. 하루에 3~5시간 기도하고 '종일 기도' 하기 바랍니다.

다섯째, 주 예수의 이름을 높이는 기름 부으심입니다.

"에베소에 사는 유대인과 헬라인들이 다 이 일을 알고 두려워하며 주 예수의 이름을 높이고……."(행 19:17)

오늘날 주 예수의 이름을 높이지 않고 사람의 이름을 높이는 경우가 허다합니다. 군중들 앞에서 사람의 이름을 높이므로 하나님의 영광을 가로채는 일이 없어야 합니다.

하나님이 행하신 모든 일에 대해 오직 하나님께만 영광을 돌려야 합니다. 헤롯왕은 군중들 앞에서 신이라고 칭찬하는 백성들의 말을 듣고 자기가 영광을 받다가 벌레 먹어 그 자리에서 죽고 말았습니다. 기름 부으심이 없으면 자꾸 사람의 영광을 구하게 됩니다. 기름 부으심은 곧 하나님의 영광입니다. 기름 부으심이 나타난다는 것은 하나님의 영광이 나타난다는 말입니다. 우리는 오직 하나님의 영광을 구하고 그것으로 만족해야 합니다. 이보다 더 크고 무거운 것은 없습니다. 사람의 영광을 구하지 마십시오.

예수님은 "나는 사람의 영광을 구하지 않고 아버지의 영광을 구한다. 그러므로 아버지가 나와 함께 계신다. 그런데 너희는 하나님께로부터 오는 영광을 구하지 않고 사람의 영광을 구하고 있다"(요 5:44)고 하셨습니다.

주기도문의 처음은 "아버지의 이름이 거룩히 여김을 받으시오며"이고 마지막은 "나라와 권세와 영광이 아버지께 영원히 있습니다"입니다. 우리는 처음부터 끝까지 하나님의 영광만 구해야 합니다. 당신에게 기름 부으심이 나타날 때 주 예수의 이름을 높이기 바랍니다. 그러면 백성들도 모두 당신처럼 주 예수의 이름을 높이게 될 것입니다.

이것이 하나님을 경외하는 지혜입니다.

여섯째, 회개하고 우상을 없애는 기름 부으심입니다.

"믿은 사람들이 많이 와서 자복하여 행한 일을 알리며 또 마술을 행하던 많은 사람이 그 책을 모아 가지고 와서 모든 사람 앞에서 불사르니 그 책값을 계산한즉 은 오만이나 되더라."(행 19:18~19)

당신도 여기서 말하는 "믿는 사람들" 중에 하나입니까?

그러면 회개하고 행실을 바꾸십시오. 마술을 행했습니까? 타로든 별자리든 회개하십시오. 백마술이든 흑마술이든 마술은 다 버리십시오. 더러운 책이나 그림, 사진, 로고를 갖고 있습니까? 다 꺼내 버리십시오. 비록 그 값이 수백만 원, 수천만 원 할지라도 하나님이 가증히 여기시는 더러운 것들은 다 꺼내 버리십시오. 거룩하신 성령님은 당신이 그런 것들 중에 하나라도 갖고 있기를 원치 않으십니다. 하루는 성령님이 내게 말씀하셨습니다.

'존귀한 나의 아들아, 나는 네가 그런 것을 단 하나도 갖고 있지 않기를 바란다. 깨끗이 없애고 차단하라.'

하나님은 습관적인 죄에 빠져 있는 당신에게 말씀하십니다. "아들아, 내가 거룩하니 너희도 거룩하라."

기름 부으심이 강해지면 질수록 마음에서 더 많은 죄를 깨닫고 실오라기 하나라도 죄와 연관되면 다 버리게 됩니다. "악은 어떤 모양이라도 버리라"(살전 5:22)고 했습니다. 바울은 "누추함과 어리석은 말이나 희롱의 말이 마땅치 않다"(엡 5:4)고 했습니다. 바울이 어떤 경우에도 그런 말을 하지 않았다는 것입니다. 농담을 즐기지 마십시오.

거룩함과 기름 부으심에 있어 탁월한 사람이 되십시오.

성령님께 도움을 구하고 마음으로부터 모든 죄를 다 버리십시오. 주님께서는 "마음으로부터 간음하지 마라. 마음으로부터 형제를 용서하라"고 하셨습니다. 마음으로부터 미움과 분노, 시기와 질투, 음란과 모든 더러운 것을 버리십시오. 더 많은 기름 부으심이 나타나기를 사모하십시오.

일곱째, 흥왕하여 세력을 얻는 기름 부으심입니다.

"이와 같이 주의 말씀이 힘이 있어 흥왕하여 세력을 얻

으니라."(행 19:20)

　기름 부으심이 나타날 때 흥왕하여 세력을 얻는 것은 인간이 만든 프로그램이나 행사, 각종 철학과 사상이 아닌 오직 '주의 말씀'입니다. 하나님이 기름 부으심을 나타내시는 이유는 오직 한 가지에 있습니다. 주의 말씀이 힘이 있어 흥왕하여 세력을 얻게 하기 위함입니다. 당신은 무엇이 흥왕해지기 원합니까? 나는 지금까지 100권이 넘는 책을 써냈습니다. 내 책의 특징 중에 하나는 '주의 말씀'이 가득 담기고 '그 말씀을 깨닫는 기름 부으심'이 가득 담겨 있다는 것입니다. 이것보다 귀한 일이 어디 있겠습니까?

　기도하면 기름 부으심이 강하게 나타납니다.

　무엇을 위해 기도해야 합니까? 말씀 사역을 위해서입니다. 그래서 사도들은 이렇게 외쳤던 것입니다. "우리는 오로지 기도하는 일과 말씀 사역에 힘쓰리라."(행 6:4)

내 몸은 기름 부으심을 담는 그릇이다

당신은 '기름 부으심을 담는 그릇'에 대해 아십니까?

베드로와 바울의 행적에 대한 기록을 보면 성령님의 기

름 부으심을 담는 그릇이 있음을 발견하게 됩니다.

그것이 무엇일까요? 베드로에게는 '그림자'였습니다.

"심지어 병든 사람을 메고 거리에 나가 침대와 요 위에 누이고 베드로가 지날 때에 혹 그의 그림자라도 누구에게 덮일까 바라고."(행 5:15) 그때 어떤 결과가 생겼습니까? "병든 사람과 더러운 귀신에게 괴로움 받는 사람을 데리고 와서 다 나음을 얻으니라"(행 5:16)고 했습니다. 기름 부으심이 '베드로의 그림자'라는 그릇에 담겼던 것입니다.

사람의 그림자가 기름 부으심이 흐르는 통로가 될 수 있다고 누가 생각했겠습니까? 모두 "말도 안 된다, 이상하다, 거짓말이다"라고 했을 것입니다. 그러나 그런 부정적인 사람들의 신학이나 견해, 해석이 기준이 아닙니다. 주의 영이신 성령님이 기준이십니다. 성령님은 사람의 생각과 경험, 지식과 학문을 초월하시는 크신 분입니다.

지금 우리는 참으로 좋은 시대를 살고 있습니다. 이런 놀라운 내용이 기록된 성경을 갖고 있기 때문입니다. 하지만 많은 사람들이 이러한 기름 부으심에 접근하지 못하고 있습니다. "그건 그때 일어난 특별한 일일 뿐이야. 지금은 그런 기름 부으심이 없어"라고 말합니다. 그렇지 않습니다. 베드로 때에도 그렇게 말한 사람이 있었을 것입니다.

그 이후에 바울에게는 그보다 더 독특한 기름 부으심이

나타났습니다. 기름 부으심이 바울의 '손수건과 앞치마'라는 그릇에 담긴 것입니다. 앞에서도 "심지어"(행 5:15)란 단어가 나왔는데 여기서도 "심지어"(행 19:12)란 단어가 나옵니다. 하나님은 '심지어의 하나님'이십니다.

그렇다면 우리는 '심지어의 믿음'을 가져야 합니다.

심지어 어떤 일이 생겼습니까?

"심지어 사람들이 바울의 몸에서 손수건이나 앞치마를 가져다가 병든 사람에게 얹으면 그 병이 떠나고 악귀도 나가더라."(행 19:12)

그림자, 손수건, 앞치마가 성령님의 기름 부으심을 담는 그릇이 되었다면 우리 몸은 얼마나 더 그렇겠습니까?

사실 그런 물건이 아닌 그리스도인의 몸인 교회가 성령님의 기름 부으심을 담아내는 그릇입니다.

"너희 몸은 너희가 하나님께로부터 받은 바 너희 가운데 계신 성령의 전인 줄을 알지 못하느냐 너희는 너희 자신의 것이 아니라. 값으로 산 것이 되었으니 그런즉 너희 몸으로 하나님께 영광을 돌리라."(고전 6:19~20)

성경을 다시 한 번 자세히 보십시오. 이렇게 나옵니다.

"하나님이 바울의 손으로 놀라운 능력을 행하게 하셨다. 바울의 몸에서 손수건이나 앞치마를 가져다 얹으면 병이 떠나고 악귀도 나갔다."

성령님의 기름 부으심을 담았던 진짜 그릇은 '바울의 손과 몸'이었습니다. 그 그릇에서 흘러넘쳐 손수건과 앞치마에까지 담겼던 것입니다. 바울의 손과 몸에 담겼든, 아니면 그의 손수건과 앞치마에 담겼든, 상관없이 모두 동일한 기름 부으심이었습니다. 기름 부으심은 조금도 약해지거나 줄어들지 않았습니다. 혹시 당신의 몸으로 어떤 물리적인 행동을 가해야 병든 사람들에게서 병이 떠나고 악귀가 나갈 거라고 생각합니까? 그렇지 않습니다.

손가락만 살짝 닿아도 능력이 나갑니다.

손수건이나 앞치마는 생명체가 아니므로 스스로 어떤 행동을 할 수 없습니다. 그냥 갖다 얹었을 뿐인데 병과 악귀가 떠나갔습니다. 이것이 기름 부으심의 능력입니다.

베드로도 그랬습니다. 그의 그림자가 기름 부으심을 담는 그릇이 되었지만 그 이전에 베드로의 몸이 기름 부으심을 담는 그릇이었습니다. "베드로가 지날 때에"(행 5:15)라고 했기 때문입니다. 그 다음에 "혹 그의 그림자라도 누구에게 덮일까 바라고"라는 내용이 나옵니다. 그리고 결과적으로는 그림자만 덮여도 병든 사람이 나았습니다.

성경은 베드로와 그의 그림자를 통해 기름 부으심이 흘러나와 "다 나음을 얻으니라"(행 5:16)고 말씀합니다. 많은 사람들이 병든 사람과 악한 귀신에게 시달리는 사람들을 데리고 모여들었는데 그들 모두 고침을 받았습니다.

오늘날 모든 교회와 주의 종들에게 이런 큰 기름 부으심이 있어야 하지 않을까요? 주님은 지금도 기름 부으심을 담을 그릇을 찾고 계십니다. "여호와의 눈은 온 땅을 두루 감찰하사 전심으로 자기에게 향하는 자들을 위하여 능력을 베푸시나니"(대하 16:9)라고 했습니다.

그런데 전심으로 하나님을 찾지 않고 망령되이 행하는 사람이 있습니다. "이 일은 왕이 망령되이 행하였은즉 이후부터는 왕에게 전쟁이 있으리이다 하매."(대하 16:9)

당신은 주의 종입니까? 스스로 왕 노릇하는 자입니까?

사울은 주님의 음성을 듣지 않고 스스로 왕 노릇했습니다. 그가 하나님을 버렸으므로 하나님도 그를 버리셨습니다. 주의 말씀을 버리는 것은 곧 주님을 버리는 것이며 사신 우상에게 절하는 것과 같습니다. 순종이 제사보다 낫고 듣는 것이 수양의 기름보다 낫습니다. 다윗은 그와 달리 주의 음성을 듣고 온전히 따랐습니다. 그는 주의 종으로 살았습니다. 세상 왕이 되기보다 주의 종이 되십시오.

하나님은 그런 '귀한 그릇'을 찾고 계십니다.

다윗이 그랬습니다. 하나님은 "내 마음에 드는 사람을 찾았다. 내가 그에게 기름을 붓겠다"고 하셨습니다.

"다윗을 왕으로 세우시고 증언하여 이르시되, 내가 이

새의 아들 다윗을 만나니 내 마음에 맞는 사람이라. 내 뜻을 다 이루리라."(행 13:22)

하나님은 그분의 마음에 맞는 사람을 찾으시고 그 몸에 성령의 기름을 부으십니다. "그에게 기름을 부으라."(삼상 16:12) 사무엘이 다윗에게 기름을 부었습니다. "사무엘이 기름 뿔병을 가져다가 그의 형제 중에서 그에게 부었더니 이 날 이후로 다윗이 여호와의 영에게 크게 감동되니라 사무엘이 떠나서 라마로 가니라."(삼상 16:13)

아들아, 너는 주의 종이 되라

당신은 더 많은 기름 부으심을 구하고 있습니까?

왜 기름 부으심이 조금밖에 나타나지 않았는데, 거기에서 멈추거나 돌아섭니까? 어떤 사람은 말합니다.

"나도 예전에 안수할 때 사람들이 권능 아래 쓰러졌어. 병도 낫고 귀신도 쫓겨 나갔어. 그런데 이제는 그런 거 안 해. 다 소용없어. 그런 거 때문에 오히려 사람들에게 온갖 비난과 박해를 받고 내 인생이 더 힘들어졌어."

슬픈 일입니다. 성령님의 기름 부으심이 나타나면 반드시 치러야 하는 대가가 있는데 그 중에 하나가 비난과 박해입니다. 많은 사람들이 비난과 박해가 있으면 두려워 멈춥니다. 그리고 기름 부으심의 장소를 떠납니다. 성령님의 목소리보다 사람의 목소리를 더 크게 여기기 때문입니다.

이는 우상 숭배와 같습니다. 그런 사람들은 이미 마음이 높아져 있습니다. 기름 부으심의 자리를 떠난 자들은 세상에 나가 수고의 떡과 고생의 물을 마시며 목숨을 위하여 무엇을 먹을까 마실까 입을까에 매여 살다가 인생을 끝냅니다. 그들은 세상 사람들에게 굽실거리며 돈을 벌면 잠시 비옥한 것처럼 보이지만 사실은 비참한 인생입니다.

나는 절대로 떠나지 않기로 결심했습니다. 나는 오직 앞으로 나아가고 더 깊은 곳으로 나아가기 원합니다. 나는 그동안 재정 문제로 인해 많은 환난과 궁핍을 겪었지만 그리스도 안에서 항상 부요 믿음으로 살았습니다. 내가 왜 부요할까요? 주님께서 부요하다고 말씀하셨기 때문입니다. 환난과 궁핍은 허상이며 '주의 말씀'이 실상입니다.

주님께서 이렇게 말씀하셨습니다. "내가 네 환난과 궁핍을 알거니와 실상은 네가 부요한 자니라."(계 2:9)

나는 생각도 못한 고난을 받았는데 그 고난은 십 일이 아닌 몇 년간 계속 되었습니다. 그래도 나는 성령을 힘입어 내 자리를 지키며 죽도록 충성했습니다. "너는 장차 받을 고난을 두려워하지 말라. 볼지어다. 마귀가 장차 너희

가운데에서 몇 사람을 옥에 던져 시험을 받게 하리니 너희가 십 일 동안 환난을 받으리라. 네가 죽도록 충성하라. 그리하면 내가 생명의 관을 네게 주리라."(계 2:10)

당신도 죽도록 충성하기 바랍니다. 세상 사람들은 오직 한 가지, 먹고 살기 위해 일합니다. 그걸 다른 말로 '목숨'이라고 합니다. 예수님은 "너희가 목숨을 위해 무엇을 먹을까 마실까 염려하지 말라"고 하셨습니다. 나는 주의 종이며 주인이신 성령님께 내 목숨을 양도했고 또 날마다 양도합니다. 나는 아침에 눈을 뜨면 이렇게 말씀드립니다.

"성령님, 제 목숨을 양도합니다. 성령님이 원하시는 대로 저를 사용해 주세요."

누구든지 예수님을 따라가려면 '자기 목숨'을 내놓고 따라가야 합니다. 예수님은 "자기 목숨을 얻는 자는 잃을 것이요 나를 위하여 자기 목숨을 잃는 자는 얻으리라"(마 10:39)고 말씀했고 또 "무릇 내게 오는 자가 자기 부모와 처자와 형제와 자매와 더욱이 자기 목숨까지 미워하지 아니하면 능히 내 제자가 되지 못하고 누구든지 자기 십자가를 지고 나를 따르지 않는 자도 능히 내 제자가 되지 못하리라(눅 14:26~27)고 말씀하셨습니다.

당신은 무엇이 그렇게 두렵습니까? 부모와 처자, 형제와 자매입니까? 목숨을 내놓으면 두려울 것이 없습니다.

"나는 두려운 것이 없어. 하지만 사랑하는 게 많아. 부모, 처자, 형제, 자매를 많이 사랑하고 내 목숨도 사랑해."

돈, 명예, 권세, 건물, 학벌, 숫자, 그것이 무엇이든 예수님보다 더 사랑하면 안 됩니다. 예수님을 따르기 위해 다 미워해야 합니다. 자기 목숨까지 미워해야 합니다.

나는 그렇게 살기로 했고 이 찬양을 부릅니다.

"예수 나를 오라 하네."

우리는 엘리사가 엘리야를 끝까지 따라가므로 갑절의 영감을 받은 것처럼 뒤로 물러가지 말고 앞으로 더 나아가야 합니다. 엘리야는 엘리사에게 그만 따라오라고 말렸습니다. 하지만 엘리사는 길갈, 벧엘, 여리고, 요단까지 하나도 놓치지 않고 엘리야를 바짝 따라갔습니다.

주님은 지금 당신에게 더 많은 기름 부으심이 나타나기를 사모하고 구하라고 말씀하십니다. 이것은 당신 자신을 위한 것이 아닙니다. 베드로와 바울은 예수님처럼 습관을 좇아 오래 기도했는데 자신을 위해서가 아닌 열방을 위한 것이었습니다. 예수님은 더 큰 기름 부으심과 사역을 위해 당신을 부르십니다. 주님의 음성을 듣고 순종하십시오.

"나를 따라 오라. 너는 온 천하에 다니며 만민에게 복음을 전파하는 일을 해야 한다. 너는 내가 택한 종이다."

당신은 무엇이 되기 원합니까? 나는 딱 한 가지입니다.
오직 주의 종이 되는 것이며 평생 주의 종으로 사는 것
입니다. 주님께서 당신에게도 말씀하십니다.

"너는 주의 종이 되라."

기름 부으심이 더 많이 나타나기를 구하라

당신은 더 많은 기름 부으심이 나타나기를 구합니까?

나는 매일 기름 부으심이 더 많이 나타나기를 위해 기도합니다. 우리는 더 많은 기름 부으심이 나타나기를 위해 기도해야 합니다. 사람들에게 인정과 칭찬을 받으려고 분주하게 돌아다닐 것이 아니라 골방에 들어가 하나님의 앞에 엎드려 오래 기도해야 합니다. 종일 기도하십시오.

예수님은 "네 골방에 들어가 은밀히 보시는 아버지께 구하라. 그분이 갚으신다"고 했습니다. 세상에서 가장 아름답고 럭셔리한 방은 왕이나 귀족의 방이 아닌 '골방'입니다. 골방에 들어가 문을 닫고 기도에 힘쓰십시오.

"꼭 그렇게 골방에 들어가야 하나요? 저는 일상에서 늘 대화식 기도를 하는데요. 제 삶 전부가 기도입니다."

예수님도 그렇게 일상에서 늘 아버지와 대화를 나누셨습니다. 하지만 그분은 자기에게 도움을 구하는 큰 무리를 떠나 자리에서 일어나 따로 한적한 곳에 가서 오래 기도하셨습니다. 그분은 한나절 또는 종일 기도하셨고 때로는 밤새워 기도하셨습니다. 골방이 아니고는 이런 기도를 할 수 없습니다. 예수님께는 그 골방이 한적한 곳, 해변, 감람산 등이었습니다. 당신도 일어나 그런 곳에 가야 합니다.

사람들과 떨어져서 골방에 들어가 은밀히 중얼거리며 기도하고 있으면 사람들은 당신이 뭘 하는지 모릅니다. 하지만 여호와의 눈은 당신을 보고 있으며 반드시 상을 주십니다. 그 상은 바로 능력 곧 성령님의 기름 부으심입니다.

"여호와의 눈은 온 땅을 두루 감찰하사 전심으로 자기에게 향하는 자들을 위하여 능력을 베푸시나니."(대하 16:9)

그렇습니다. 하나님의 눈은 지금도 온 땅을 두루 감찰하고 있으며 전심 곧 마음을 다해 자기를 찾는 자에게 그분의 능력 곧 기름 부으심을 베푸십니다.

예나 지금이나 그리스도인에게 가장 필요한 것은 돈,

명예, 권세, 땅, 건물, 학벌이 아닌 '능력'입니다. 능력을 성경에서는 '기름 부으심'이라고 표현합니다. 그러므로 우리는 온 마음을 다해 이렇게 간구해야 합니다.

"기름 부으심을 더 많이 나타내 주세요. 사역 현장에 성령의 기름 부으심이 수천수만 배로 나타나게 해주세요."

아버지의 나라가 임하기를 간구하라

당신은 골방에서 무엇을 가장 많이 구합니까?

나는 하나님의 나라가 이 땅에 임하기를 간절히 구합니다. 예수님은 제자들이 기도를 가르쳐 달라고 부탁했을 때 "나라가 임하옵시며"라고 기도하라고 하셨습니다.

하나님의 나라는 무엇일까요? 능력 곧 기름 부으심을 의미합니다. 기름 부으심이 나타나기를 간구하라는 말입니다. 그 기름 부으심은 어디에 있습니까? 천국에 있지 않고 이 땅에 있습니다. 바리새인들이 예수님께 물었습니다.

"하나님의 나라가 어느 때에 임하나이까?"

예수님께서 대답하여 이르셨습니다.

"하나님의 나라는 볼 수 있게 임하는 것이 아니요 또 여기 있다 저기 있다고도 못하리니 하나님의 나라는 너희 안

에 있느니라."(눅 17:20~21)

여기서 "너희 안에 있다"는 말은 "지금 이곳에 있다"는 말이었습니다. 어디에 있습니까? 예수님이 하나님 나라를 가지고 오신 '주의 성령'을 모시고 지금 이곳에 있다는 것입니다. 예수님은 "내가 하나님의 성령을 힘입어 귀신을 쫓아내는 것이면 하나님의 나라가 너희에게 임하였다"고 하셨습니다. 우리도 더러운 귀신을 쫓아내야 합니다.

하나님의 나라는 볼 수 있게 임하지 않았습니다. 하지만 그 결과는 두 눈으로 똑똑히 볼 수 있었습니다.

무엇일까요? 많은 사람들이 말씀을 듣고 회개하고 더러운 귀신이 쫓겨나고 병든 사람이 치유 받았던 것입니다.

바리새인들은 그들 안에 있는 하나님의 나라 곧 예수님과 성령님의 기름 부으심에 대해 몰랐고 오히려 자기들의 율법 기준으로 그분을 판단하고 비판하고 정죄하고 책망하고 박해했습니다. 오늘날도 그때와 다를 바 없습니다.

예수의 영이신 성령님이 천국의 기름 부으심을 가지고 이 땅에 와 계시지만 많은 사람들이 인정하지 않고 무시하고 배척합니다. 자기들의 기준으로 비방합니다.

우리는 성령님의 기름 부으심을 존중해야 합니다.

하나님의 나라는 먹고 마시는 것이 아니요

당신은 먹고 마시는 것에 집착하지 않습니까?

사람이 먹으면 얼마나 먹고 마시면 얼마나 마시겠습니까? 먹고 마시는 것에 집착하지 말고 오래 기도하는 일에 힘써야 합니다. 사도들은 과부들이 먹고 마시는 것을 돕기 위해 계획을 세우고 그것을 주된 일로 삼았습니다.

그로 인해 교회 안에서 원망이 생기자 자기들이 마땅치 않은 일 곧 '성령이 임한 목적과 다른 엉뚱한 일'에 빠졌다는 것을 깨닫고 즉시 돌이키며 말했습니다. "우리는 오로지 기도하는 일과 말씀 사역에 힘쓰리라."(행 6:4)

이것이 회개입니다. 나도 잘못한 것을 깨달으면 즉시 회개하고 돌이킵니다. 깨닫지 못하는 것이 문제인데, 이렇게 기도해야 합니다. "주님, 저에게 깨달음을 주소서."

이 때 제자들을 다 불러 모아 놓고 말했는데, 오순절에 기도에 힘썼던 120명과 베드로가 설교해서 주께 돌아온 3,000명과 5,000명을 더하면 최소한 8,120명이 되었을 것입니다. 그들을 다 불러 모으고 말했던 것입니다.

성령 받은 8,120명 제자 중에 일곱 명을 뽑아 무엇을 위해 세웠습니까? '과부를 접대하는 일'입니다. 이것 또한 성령님이 보실 때 '마땅치 않은 교회'의 모습입니다.

기도하지 않으면 어떤 일이 생길까요? 성령이 임하신 목적과 상관없는 온갖 잡다한 일에 빠지게 됩니다.

그로 인해 성령님이 근심하시게 됩니다.

성령님, 잡다한 것에 빠지지 않게 해 주세요

사도행전 6장을 살피며 깨달음을 얻으십시오.

첫째, 먹고 마시는 일로 교회 안에 원망이 생겼습니다.

"그 때에 제자가 더 많아졌는데 헬라파 유대인들이 자기의 과부들이 매일의 구제에 빠지므로 히브리파 사람을 원망하니……."(행 6:1)

광야 교회였던 이스라엘 백성들이 먹고 마시는 것 때문에 모세에게 대들며 원망했던 것처럼 초대교회에 큰 원망이 생겼습니다. 원망은 하나님이 아주 싫어하시는 것입니다. 바울은 고린도 교회에 말했습니다. "그들 가운에 어떤 사람들이 원망하다가 멸망시키는 자에게 멸망하였나니 너희는 그들과 같이 원망하지 말라."(고전 10:10)

기도와 말씀 사역이 아닌 과부 접대에 빠지는 것은 하나님의 나라를 놓치고 세상 나라를 구하는 것입니다.

"하나님의 나라는 먹는 것과 마시는 것이 아니요 오직 성령 안에서 의와 평강과 희락이라."(롬 14:17)

사람들은 말합니다. "그래도 먹이는 것이 가장 중요하잖아요. 다 먹고 살자고 하는 짓인데, 잘 먹여야죠."

물론 잘 먹여야 합니다. 하지만 그 일에 빠지면 안 됩니다. 하나님의 나라에서는 먹고 마시는 것보다 영혼 구원과 제자 양육이 가장 중요합니다. "오직 성령이 너희에게 임하시면 너희가 권능을 받고, 내 증인이 되리라."(행 1:8)

성령의 권능을 받은 사람은 오직 '예수의 증인'이 되어야 합니다. '과부 접대'에 빠지면 그걸 하나의 프로그램으로 만들어 온 천하에 다니며 전파하고 보급할 것입니다.

그것은 '아버지의 뜻'이 아닙니다. 아버지의 뜻은 온 천하에 하나님의 나라와 예수 그리스도의 이름이 전파되는 것입니다. 예수님은 "너희는 온 천하에 다니며 만민에게 복음을 전파하라"고 하셨지 "과부를 접대하라"고 하지 않았습니다. 당신은 지금 무엇에 미혹되고 빠졌습니까?

과부 접대의 일을 위해 안수 받은 빌립 집사가 복음 전도의 일을 했고 그로 인해 큰 권능이 나타났습니다.

"빌립이 하나님 나라와 및 예수 그리스도의 이름에 관하여 전도함을 그들이 믿고 남녀가 다 세례를 받으니 시몬도 믿고 세례를 받은 후에 전심으로 빌립을 따라다니며 그

나타나는 표적과 큰 능력을 보고 놀라니라."(행 8:12~13)

오늘날 어떤 교회에서는 성령님의 기름 부으심으로 인한 표적과 큰 능력이 나타나지 않고 마술사들이 강단에 올라가서 공연합니다. 참으로 슬픈 일입니다. 우리는 다시 성령님의 임재와 기름 부으심을 간구해야 합니다.

둘째, 그들은 마땅치 않은 일을 '위탁 안수'했습니다.

"열두 사도가 '모든 제자'를 불러 이르되 우리가 하나님의 말씀을 제쳐 놓고 접대를 일삼는 것이 마땅하지 아니하니……."(행 6:2)

여기에서 "모든 제자"라는 말은 8,120명이 넘는 숫자를 말합니다. 그들을 모아 놓고 일곱 명을 투표로 뽑은 다음 과부 접대를 위탁하기 위해 안수했는데 이 또한 '마땅치 않은 위탁 안수'였습니다. 성령님은 결코 '과부 접대를 위해' 오신 분이 아니기 때문입니다.

성령님이 왜 오셨습니까? 권능을 받고 예수의 증인이 되게 하기 위함입니다. "오직 성령이 너희에게 임하시면 너희가 권능을 받고 예루살렘과 온 유대와 사마리아와 땅 끝까지 이르러 내 증인이 되리라 하시니라."(행 1:8)

모세가 여호수아에게 위탁 안수할 때 지혜의 영이 충만히 임했는데, 모세는 '주의 음성'을 따라 여호수아를 세웠지 결코 남자 64만 명의 투표로 세우지 않았습니다.

예수님도 열두 제자를 세울 때 투표가 아닌 기도로 세우셨습니다. 그분은 자신의 제자를 선택하기 위해 밤새워 기도하셨습니다. 우리도 그렇게 해야 하지 않을까요?

셋째, 그들은 성령과 지혜가 충만한 사람에게 '복음 전도'가 아닌 '종일 접대하는 일'을 맡기려고 했습니다.

사도들이 말했습니다.

"형제들아, 너희 가운데서 성령과 지혜가 충만하여 칭찬 받는 사람 일곱을 택하라. 우리가 이 일을 그들에게 맡기고……."(행 6:3)

'성령과 지혜가 충만한 사람'은 무엇을 해야 할까요?

영적인 지도자가 되어 군중에게 복음을 전하고 가르쳐야 합니다. 사도들은 "성령과 지혜가 충만하여 칭찬 받는 사람을 택하라"고 했는데 온 무리는 어떤 사람을 뽑았습니까? "믿음과 성령이 충만한 사람"(행 6:5)을 뽑았습니다.

지혜는 '구별하는 능력'인데, 그런 사람은 무엇이 옳고 그른지, 무엇이 마땅하고 마땅하지 않은지 잘 알기 때문에 이 투표에서 뱀처럼 지혜롭게 다 빠져나갔던 것입니다.

"사람들에게 칭찬 받는 사람을 택하라"고 했습니다.

지혜로운 사람은 사람의 영광 곧 사람에게 칭찬 받기

위해 일하지 않고 오직 하나님의 영광 곧 하나님에게 칭찬 받기 위해 일하기 때문에 이 투표에서 다 빠져나갔습니다.

나도 그렇습니다. 사람들이 말합니다. "김열방 목사님은 성령과 지혜가 충만하고 사람들에게 칭찬 받는 분이다. 그러니 그를 뽑아 세우고 여러 봉사하는 일을 맡기자."

나는 조용히 그들에게서 빠져나옵니다. 나뿐 아니라 지혜가 충만한 사람들은 그런 분위기의 모임에서 다 빠져나옵니다. 그러면 '성령과 지혜가 충만한 사람'을 찾을 수 없기 때문에 '믿음과 성령이 충만한 사람'을 뽑아 세우게 됩니다. 성경은 순서를 정확하게 말합니다. 선교 여행할 때 처음엔 '바나바와 바울'에서 '우리'로 바뀌었다가 나중엔 '바울과 바나바'로 대표가 바뀌었습니다. 이처럼 '성령과 지혜'에서 '믿음과 성령'으로 바뀌었습니다. 주의 영이신 성령이 가장 앞서야 하는데 둘째로 밀려났습니다. 주의 영이 인도하시는 사람들은 다른 곳에 가 있었던 것입니다.

"성령, 그건 잘 모르겠고 일단 믿음이 있는 사람을 세우고 뒤에 성령을 갖다 붙이자"라고 하게 된 것입니다.

일곱 집사 중에서 '성령 임한 사람에게 마땅치 않은 과부 접대의 일'을 하지 않고 거리에서 복음을 전한 스데반은 돌에 맞아 죽었습니다. 스데반은 '믿음과 성령'(행 6:5)이 충만한 사람이었고 또 '은혜와 권능'(행 6:8)이 충만하여 큰 기사와 표적을 민간에 행했고 설교를 잘했습니다. 하지만 그는 '성령과 지혜'가 충만한 사람은 아니었습니다. 순서가 뭐 중요하냐고요? 성경에는 사도들이 교회에 인사할 때 '은혜와 평강'이라고 했지 '평강과 은혜'라고 하지 않았습니다. 은혜가 있어야 평강이 오기 때문입니다.

"은혜와 평강이 있기를 원하노라."(고전 1:3, 갈 1:3)

큰 박해로 인해 과부 접대에 빠져 있던 교회가 온 유대와 사마리아로 흩어졌을 때 주의 영의 인도를 받은 빌립은 사마리아에서 복음을 전하며 큰 부흥을 가져왔고 그 후에는 광야에 나가 전도했습니다. 성령과 지혜가 충만했던 것입니다. "주의 영이 빌립을 이끌어 간지라."(행 8:39)

넷째, 목회자와 모든 성도들은 오로지 기도하는 일과 말씀 사역에 힘써야 합니다. 한마디로 '복음 전도'입니다.

"우리는 오로지 기도하는 일과 말씀 사역에 힘쓰리라 하니 온 무리가 이 말을 기뻐하여 믿음과 성령이 충만한 사람 스데반과 또 빌립과 브로고로와 니가노르와 디몬과 바메나와 유대교에 입교했던 안디옥 사람 니골라를 택하여 사도들 앞에 세우니 사도들이 기도하고 그들에게 안수하니라. 하나님의 말씀이 점점 왕성하여 예루살렘에 있는 제자의 수가 더 심히 많아지고 허다한 제사장의 무리도 이 도에 복종하니라."(행 6:4~7)

온 교회가 오로지 기도하는 일과 말씀 사역에 힘쓸 때 하나님의 나라가 권능으로 임합니다. "하나님의 나라는 말에 있지 아니하고 오직 능력에 있음이라"(고전 4:20)고 했습니다. 오직 기도, 오직 말씀, 오직 능력입니다.

"그것은 사도들만 하는 일이 아닌가요?"

아닙니다. 사도들만 아니라 온 교회가 기도하는 일과 말씀 사역에 힘써야 합니다. 온 교회가 권능이 나타나야 합니다. 스데반과 빌립이 그렇게 했습니다. 그들의 사역에 성령님의 기름 부으심이 강물처럼 넘쳐 났습니다.

"스데반이 은혜와 권능이 충만하여 큰 기사와 표적을 민간에 행하니……."(행 6:8)

스데반이 어떻게 그런 일을 하게 되었습니까?

분명히 "믿음과 성령이 충만한 사람을 뽑았다"고 했는데 스데반은 기도하는 중에 성령의 인도하심을 받고 지혜로운 사람으로 바뀌었던 것입니다. 성경을 보십시오.

"스데반이 지혜와 성령으로 말했다."(행 6:10)

기도하면 지혜가 나타납니다. 그러면 분별력이 생기고 마땅치 않은 일에서 벗어나 오로지 기도하는 일과 말씀 사역에 힘쓰는 '존귀한 주의 종'이 됩니다. 사도만 아니라 집

사도 주의 종입니다. 우리 모두는 주의 종입니다.

주의 종은 빌립 집사처럼 마땅치 않은 일에서 빠져나오고 마땅히 주의 영에 이끌려 살아야 합니다. 그래서 나는 매일 아침에 눈을 뜨면 성령님께 도움을 구하는 기도를 합니다. 당신도 매일 아침에 이렇게 말씀드리기 바랍니다.

"성령님, 잡다한 일에 빠지지 않게 해 주세요."

종일 기도하는 것을 주된 일로 삼으라

기름 부으심이 나타나도록 기도하라

당신은 기름 부으심이 나타나도록 기도합니까?

나는 매일 일어나면 내 삶과 사역에 성령님의 기름 부으심이 흘러넘치게 해 날라고 기도합니다. 그렇게 기도할 수 있게 하는 내용은 바로 '주기도'입니다. 내가 하루에 10시간씩 기도한다고 하면 사람들이 놀라며 묻습니다.

"도대체 무슨 기도를 하시나요? 김열방 목사님만의 특별한 기도 패턴이 있나요? 그걸 좀 알려 주세요."

있습니다. 하지만 그것은 나만의 기도 패턴이 아닌 '예수님의 기도 패턴'이었고 초대교회 사도들을 비롯한 모든 제자들의 기도 패턴이었습니다. 제자들은 예수님의 삶과 사역을 보면서 한 가지에 깊은 감동과 충격, 도전을 받았는데 그것은 곧 그분이 '오래 기도하는 일'이었습니다.

제자들은 귀신 쫓고 병고치고 말씀 전하는 일을 가르쳐 달라고 하지 않았고 오직 한 가지 "우리에게 기도를 가르쳐 주소서"라고 했습니다. 오늘날 많은 제자들이 기도하는 것만 빼고 다 배웁니다. 예수님이 이 땅에 계실 동안 무엇을 가장 중대하게 여기고 일로 삼으셨는지 모르기 때문입니다. 그분은 '기도하는 것'을 주된 일로 삼으셨습니다.

사실 우리가 다른 것은 좀 부족하고 몰라도 됩니다.
기도하는 것을 배우는 것이 가장 중요합니다.
예수님은 어떻게 기도하셨을까요?

예수님은 한 곳에서 기도하셨다

첫째, 예수님은 한 곳에서 기도하셨습니다.

"예수께서 한 곳에서 기도하시고 마치시매 제자 중 하나가 여짜오되 주여 요한이 자기 제자들에게 기도를 가르친 것과 같이 우리에게도 가르쳐 주옵소서."(눅 11:1)

"예수께서 한 곳에서 기도하셨다"는 말은 '오래 기도하셨다'는 뜻입니다. 그분은 뜻을 정하고 한 곳에서 오래 기도하셨고 기도를 시작하는 시간과 마치는 시간이 있었습니다. 그분은 한번 기도하시면 몇 시간 또는 한나절을 기도하셨고 때로는 종일 기도하셨습니다. 당신은 어떤가요?

하루는 예수님이 제자들에게 "너희 중에 죽기 전에 하나님의 나라가 권능으로 임하는 것을 볼 자들이 있다"(막 9:1)고 하셨는데 "엿새 후에"(막 9:2) 그 일이 일어났습니다. 예수님이 베드로와 야고보와 요한을 데리고 따로 높은 산에 올라가서 기도하실 때, 그분은 '깊은 기도'에 빠지셨는데 제자들은 '깊은 졸음'에 빠졌습니다. 그때 하나님의 나라가 권능으로 임했고 예수님은 '권능의 흰옷'을 입으셨습니다. "그 옷이 광채가 나며 세상에서 빨래하는 자가 그렇게 희게 할 수 없을 만큼 매우 희어졌더라."(막 9:3)

하나님의 영광의 구름이 그분을 덮었고 '구름 속에서' 아버지의 음성이 들렸습니다. 여기서 구름은 성령님의 기름 부으심을 상징합니다. 나도 기도할 때 성령의 구름이 밀려오는 것을 느낍니다. 항상 그런 것은 아닙니다.

권능의 흰옷을 입으신 예수님은 산에서 내려와 말 못하고 못 듣는 귀신을 쫓아내셨습니다. 그리고 왜 자기들은 귀신을 못 쫓아냈냐고 묻는 제자들에게 잡다한 설명 없이 딱 잘라서 이렇게 말씀하셨습니다. "기도 외에 다른 것으로는 이런 종류가 나갈 수 없느니라."(막 9:29)

그들은 이미 유명해졌고 자신을 영적인 부자라고 여겼습니다. 그리고 예수님처럼 오래 기도하지 않았습니다. 그로 인해 권능의 흰옷을 사서 입지 못했고 영적으로 벌거벗은 모습을 보이며 부끄러움과 수치를 당했던 것입니다.

당신도 혹시 그렇지 않습니까? 예수님은 그런 당신에게 "네가 네 가난한 것과 벌거벗은 것을 알지 못하는구나. 내가 너를 권한다. 내게서 흰옷을 사서 입어 벌거벗은 수치를 보이지 않게 하라"(계 3:17~18)고 말씀하십니다.

예수님이 이 땅에 계실 동안 오래 기도하므로 아버지께 권능의 흰옷을 사서 입은 것처럼 당신도 이 땅에서 오래 기도하므로 예수님께 권능의 흰옷을 사서 입으라는 것입니다. 왜 다른 것은 다 하면서 기도만 안 합니까? 몇 마디 또는 10분, 20분 기도하는 것을 말하는 것이 아닙니다.

오래, 곧 한 나절이나 종일 기도하라는 말입니다.

하루에 몇 시간씩 또는 종일 기도에 헌신하십시오.

예수님은 큰 무리 앞에서 말씀을 전하고 일일이 안수하

며 병고치고 귀신 쫓는 일을 다 끝낸 후에도 따로 한적한 곳에 가서 밤새워 기도하셨고 하루 일과를 시작하기 전 새벽 미명에 일어나 또 기도하러 가셨습니다. 예수님은 사역하기 전에 기도하셨고 사역하는 중에 기도하셨고 사역을 끝내고 기도하셨습니다. 그분은 종일 '기도의 영'에 사로잡혀 사셨습니다. 성령님은 기도의 영이십니다.

둘째, 예수님은 "이렇게 기도하라"고 하셨습니다.

"예수께서 이르시되 너희는 기도할 때에 이렇게 하라. 아버지여, 이름이 거룩히 여김을 받으시오며 나라가 임하시오며 우리에게 날마다 일용할 양식을 주시옵고 우리가 우리에게 죄 지은 모든 사람을 용서하오니 우리 죄도 사하여 주시옵고 우리를 시험에 들게 하지 마시옵소서 하라."
(눅 11:2~4)

예수 그리스도는 어제나 오늘이나 영원토록 동일하신 분이며 그분은 지금도 우리에게 "너희는 이렇게 기도하라"고 말씀하십니다. 당신은 이렇게 기도하고 있습니까?

이렇게는 '주기도'를 말합니다. 이 기도의 기본은 모두 '나에게'가 아닌 '우리에게'입니다. 그러므로 주기도문의 패턴을 내게만 적용시키면 기도가 제대로 안 됩니다.

한 목사님이 이렇게 말하는 것을 들었습니다.

"주기도문의 내용은 성령이 임하기 전의 제자들을 위한 것이다. 그 내용 중에 많은 것이 그리스도 안에서 나에게 이미 이루어졌기 때문에 더 이상 그렇게 기도할 필요가 없다. 이제는 성령이 오셨으므로 주기도문을 하는 시대가 아니다. 그것은 제자들에게만 그렇게 하라고 주신 것이다. 지금도 그렇게 기도하는 것은 잘못된 것이다."

과연 그럴까요? 아닙니다. 예를 들어, 아버지의 나라는 성령으로 내 안에 임했습니다. 그러므로 성령을 받은 사람은 더 이상 "내 안에 아버지의 나라가 임하소서"라고 기도할 필요는 없습니다. 나도 내 안에 하나님의 나라가 성령으로 임했기 때문에 더 이상 그렇게 기도하지 않습니다.

어떤 사람도 자신이 구해서 받은 것을 다시 달라고 구하지 않습니다. 병이 나은 사람은 병을 고쳐 달라고 다시 구하지 않고 귀신이 떠나간 사람은 귀신을 쫓아내 달라고 다시 구하지 않고 방언을 받은 사람은 방언을 달라고 다시 구하지 않습니다. 나는 20세에 방언을 받은 후로 다시 방언을 달라고 구한 적이 없습니다. 성령도 그렇습니다.

예수님이 가르치신 기도는 "우리에게 나라가 임하시오며"입니다. 주기도문의 내용은 모두 '나'가 아닌 '우리'입니다. 그래서 나는 다른 사람에게 있는 질병과 귀신을 쫓아내고 그들에게 성령을 달라고 구합니다. 사도들도 다른 사람들이 성령 받기를 위해 기도하며 안수했습니다.

"그들이 내려가서 그들을 위하여 성령 받기를 기도하니……. 이에 두 사도가 그들에게 안수하매 성령을 받는지라."(행 8:15~17)

하늘에 계신 우리 아버지여

당신은 '우리를 위해' 기도하십니까?

왜 많은 기도가 필요할까요? '나를 위해서'가 아닌 '우리를 위해서'입니다. "우리" 곧 '온 천하에 있는 잃은 영혼들'을 구원하기 위해 온 천하에 다니며 만민에게 복음을 전파해야 합니다. 그 우리를 위해 새 방언을 말하고 귀신을 쫓아내고 병든 사람에게 손을 얹어야 합니다.

방언을 말할 때 '나의 덕'을 세우지만 한편으로는 "방언은 믿지 않는 자들을 위한 표적이다"(고전 14:22)라고 했습니다. 우리가 방언하는 것을 볼 때 믿지 않는 자들은 "저 사람들 속에 거룩한 뭔가가 있다. 성령님이 계신다"고 말할 것입니다. 모든 것을 나에게서 멈추지 말고 우리에게로 확장해야 합니다. 야베스는 "지경을 넓혀 달라"고 기도했습니다. 당신도 나에서 우리로 모든 지경을 넓히기 바랍니다. 성경을 다시 자세히 보십시오. "우리"입니다.

"우리 아버지여, 우리를 통해 아버지의 이름이 거룩히 여김을 받으시오며, 우리에게 아버지의 나라가 임하시오며, 우리에게 날마다 일용할 양식을 주시옵고, 우리가 우리에게 죄 지은 모든 사람을 용서하오니 우리 죄도 사하여 주시옵고, 우리를 시험에 들게 하지 마시옵소서. 아멘."

이해되십니까? 그러므로 나는 주기도문 패턴으로 기도할 때 나를 위해서가 아닌 우리를 위해 간절히 빌며 기도합니다. 주기도문은 "하늘에 계신 우리 아버지여"(마 6:9)로 시작됩니다. 여기서 "하늘에 계신"은 저 구만리 장천 먼 하늘을 말하는 것이 아닙니다. 물론 하나님은 '삼층천 하늘 보좌'에 실제로 앉아 계십니다. 스데반은 돌에 맞아 죽을 때 성령이 충만하여 하늘을 쳐다보며 "보라, 하늘이 열려 있고 하나님의 오른쪽에 인자가 서 계신 것이 보인다"(행 7:56)고 했습니다. 맞습니다.

하지만 하나님은 이 땅에도 계십니다. 예수님은 "내가 혼자 있는 것이 아니요 나를 보내신 이가 나와 함께 계심이라"(요 8:16)고 했습니다. 제자들이 다 흩어질 때도 혼자 있는 것이 아니라 아버지가 함께 있다고 하셨습니다.

"보라, 너희가 다 각각 제 곳으로 흩어지고 나를 혼자 둘 때가 오나니 벌써 왔도다. 그러나 내가 혼자 있는 것이 아니라 아버지께서 나와 함께 계시도다."(요 16:32)

어떻게 이런 일이 가능했습니까? 아버지의 성령이 함께 계셨기 때문입니다. 예수님은 제자들에게도 "그때에 너희에게 할 말을 주시리니 말하는 이는 너희가 아니라 너희 속에서 말씀하시는 이 곧 너희 아버지의 성령이시니라"(마 10:19~20)고 했습니다. 예수님의 비유 중에도, 집을 나간 둘째 아들이 돌아왔을 때 아버지가 큰 아들에게 말했습니다. "얘야, 너는 늘 나와 함께 있으니 내가 가진 것은 다 네 것이다."(눅 15:31) 아버지는 지금 이 땅에 계십니다.

"성경에 분명히 '하늘에 계신'이라고 했잖아요?"

그렇습니다. 바울은 "우리의 씨름은 혈과 육을 상대하는 것이 아니요 하늘에 있는 악한 영들을 상대함이라"(엡 6:12)고 했습니다. 우리의 씨름도 이 땅에 있고, 혈과 육도 이 땅에 있고, 하늘에 있는 악한 영도 이 땅에 있습니다. 예수님은 '이 땅에 있는 악한 영'을 쫓아내셨습니다.

이것은 '하나님의 나라가 권능으로 임한 곳 안에 있는 악한 영'을 의미합니다. 그 악한 영은 정체를 드러내고 소리를 지릅니다. 예수님이 회당에서 가르치실 때 하나님의 나라가 권능으로 임했고 그 순간 더러운 귀신이 견디지 못하고 정체를 드러냈습니다. 그 이전에는 4,000년 동안 이런 일이 단 한 번도 없었습니다. 예수님을 통해 하나님의 나라가 권능으로 회당 안에 임했기 때문에 귀신들린 자가 경련을 일으킨 것입니다. 마가복음 1장을 보십시오.

"그들이 가버나움에 들어가니라. 예수께서 곧 안식일에 회당에 들어가 가르치시매 뭇 사람이 그의 교훈에 놀라니 이는 그가 가르치시는 것이 권위 있는 자와 같고 서기관들과 같지 아니함일러라. 마침 그들의 회당에 더러운 귀신 들린 사람이 있어 소리 질러 이르되 '나사렛 예수여, 우리가 당신과 무슨 상관이 있나이까? 우리를 멸하러 왔나이까? 나는 당신이 누구인 줄 아노니 하나님의 거룩한 자니이다' 예수께서 꾸짖어 이르시되 '잠잠하고 그 사람에게서 나오라' 하시니 더러운 귀신이 그 사람에게 경련을 일으키고 큰 소리를 지르며 나오는지라. 다 놀라 서로 물어 이르되 '이는 어찜이냐? 권위 있는 새 교훈이로다. 더러운 귀신들에게 명한즉 순종하는도다' 하더라. 예수의 소문이 곧 온 갈릴리 사방에 퍼지더라."(막 1:21~28)

하나님의 나라가 권능으로 임하니 회당만 아니라 개인의 집에서도 질병이 떠나갔습니다.

"회당에서 나와 곧 야고보와 요한과 함께 시몬과 안드레의 집에 들어가시니 시몬의 장모가 열병으로 누워 있는지라. 사람들이 곧 그 여자에 대하여 예수께 여짜온대 나아가사 그 손을 잡아 일으키시니 열병이 떠나고 여자가 그들에게 수종드니라."(막 1:29~31)

사람들은 말합니다. "그것은 특별한 경우다."

아닙니다. 성경은 분명히 예수님이 자기에게 나아온 많은 병자와 많은 귀신들린 자를 고치셨다고 말씀합니다.

"저물어 해 질 때에 모든 병자와 귀신 들린 자를 예수께 데려오니 온 동네가 그 문 앞에 모였더라. 예수께서 '각종 병이 든 많은 사람'을 고치시며 '많은 귀신'을 내쫓으시되 귀신이 자기를 알므로 그 말하는 것을 허락하지 아니하시니라."(막 1:32~34)

예수님이 그렇게 강력하게 사역하신 원동력이 어디에 있었습니까? '충분히 오래 기도하신 것'에 있었습니다.

예수님은 사역하기 전에 오래 기도하셨습니다.

"새벽 아직도 밝기 전에 예수께서 일어나 나가 한적한 곳으로 가사 거기서 기도하시더니……."(막 1:35)

예수님은 이 때 짧게 한두 마디 기도하신 것이 아니었습니다. 충분히 오래 기도하셨습니다. 너무 오래 기도하셔서 제자들이 이제 그만 기도하고 사람들을 만나러 가자고 할 정도였습니다. 당신도 예수님처럼 기도해야 합니다.

"시몬과 및 그와 함께 있는 자들이 예수의 뒤를 따라가 만나서 이르되 모든 사람이 주를 찾나이다."(막 1:36~37)

예수님은 '기도자'였고 또 '전도자'였습니다.

"이르시되 우리가 다른 가까운 마을들로 가자 거기서도 전도하리니 내가 이를 위하여 왔노라 하시고."(막 1:38)

또한 예수님은 귀신을 내쫓는 '축사자(逐邪者)'였습니다. 그분은 성령의 권능으로 귀신들을 쫓아내셨습니다.

"이에 온 갈릴리에 다니시며 그들의 여러 회당에서 전도하시고 또 귀신들을 내쫓으시더라."(막 1:39)

당신은 어떻습니까? 예수님처럼 기도하고 축사하고 치유하고 전도합니까? 아니면 한 가지 사역만 고집합니까?

예수님이 당신 안에 살아 계신다면 이 모든 기름 부으심이 지금도 나타나야 합니다. "나를 믿는 자는 내가 한 일을 저도 할 것이요 이보다 더 큰 것도 한다. 성령이 오시기 때문이다"라고 하셨습니다. 그렇다면 지금 당신은 예수님 때보다 더 많은 기름 부으심이 나타나야 합니다.

지금은 마지막 추수 때입니다. 그러기 위해 가장 먼저 해야 할일은 곧 '기도하는 일'입니다. 예수님처럼 오래 기도하는 일을 주된 일로 삼고 그 일에 헌신해야 합니다.

나는 무릎 꿇고 입을 열어 "하늘에 계신 우리 아버지여"라고 기도할 때 삼층천 하늘을 떠올리지 않고 내 앞에 임재 해 계신 아버지, 내 안에 계신 아버지를 떠올립니다. 그리고 "아버지의 나라가 권능으로 우리에게 더 많이 임하소서"라고 기도합니다. 그러면 예배 중에, 심방 중에, 집회 중에 하나님의 나라가 권능으로 강하게 임하게 되고 더러운 귀신이 정체를 드러내고 쫓겨 나갑니다.

주기도문은 '지금'을 위한 기도다

당신은 주기도문으로 기도할 때 언제를 떠올립니까? 많은 사람들이 막연한 미래를 떠올리며 기도합니다.

"미래의 아버지여, 미래에 나라가 임하시오며, 미래에 일용할 양식을 주옵시고, 미래에 시험에 들게 하지 마옵시고, 미래에 악에서 구하소서. 미래, 미래, 미래에……."

아닙니다. 모두 '지금'입니다. 주기도문은 예수님이 하루의 사역을 시작하기 전에 간구하신 내용입니다. 문장마다 '지금'이라는 단어를 넣으면 더 잘 이해됩니다.

"아버지여, 지금 우리를 통해 아버지의 이름이 거룩히 여김을 받으시오며, 지금 우리에게 아버지의 나라가 임하옵시며, 지금 아버지의 뜻이 땅에서도 이루어지기를 원합니다. 지금 우리를 악에서 구하옵시고 지금 시험에 들지 말게 하옵소서. 지금 우리가 우리에게 죄 지은 자를 사하여 준 것 같이 우리 죄를 사하여 주옵소서. 지금 나라와 권세와 영광이 아버지께 영원히 있사옵나이다. 지금 아멘."

예수님은 사역하기 전에 "오늘날" 곧 '지금'을 위해 기도하셨고 그 기도에 대한 응답은 오늘 사역하는 중에 다 나타났습니다. 그분은 사역하는 중에 나타난 영광을 자신이 취하지 않으셨고 "아버지께 나라와 권세와 영광이 영원히 있습니다"라며 아버지께 모든 영광을 돌렸습니다.

다시 말해 주기도문은 '사역을 위한 기도 패턴'입니다.

예수님은 밤낮 그 기도를 하셨습니다.

예수님은 오늘날 곧 '지금 사람들'을 전도하셨습니다.

예수님은 오늘날 곧 '지금 사람들 속에 있는 귀신'을 쫓아내고 병을 고치셨습니다. 죽은 나사로를 살리는 것 외에는 항상 "내가 지금 가서 고쳐 주겠다"고 하셨고 가서 즉시 고치셨습니다. 당신도 '지금의 하나님'을 믿고 '지금의 믿음'을 갖고 행하기 바랍니다. 지금 기적이 일어납니다.

떡 세 덩이를 구한 친구 이야기

당신은 기도할 때 무엇을 구합니까?

나는 '말씀의 떡'을 구합니다. 사람들의 고민은 대부분이 떡덩이 문제입니다. 마귀는 40일 금식을 끝내신 예수님에게 다가와 "네가 만일 하나님의 아들이어든 명하여 이 돌들이 '떡덩이'가 되게 하라"(마 4:3)고 시험했습니다.

예수님은 "기록하였으되, 사람이 떡으로만 살 것이 아니요 하나님의 입으로 나오는 모든 말씀으로 살 것이라 하였느니라"(마 4:4)고 대답하시며 시험을 물리치셨습니다.

예수님이 제자들에게 기도에 대해 가르치실 때 '떡 세 덩이를 구한 친구'에 대해 말씀하셨습니다.

"너희 중에 누가 벗이 있는데 밤중에 그에게 가서 말하기를 '벗이여, 떡 세 덩이를 내게 꾸어 달라. 내 벗이 여행 중에 내게 왔으나 내가 먹일 것이 없노라' 하면 그가 안에서 대답하여 이르되 '나를 괴롭게 하지 말라. 문이 이미 닫혔고 아이들이 나와 함께 침실에 누웠으니 일어나 네게 줄

수가 없노라' 하겠느냐? 내가 너희에게 말하노니 비록 벗 됨으로 인하여서는 일어나서 주지 아니할지라도 그 간청함을 인하여 일어나 그 요구대로 주리라."(눅 11:5~8)

나도 벗이신 예수님께 '떡 세 덩이'를 구합니다.

떡 세 덩이라고 할 때 나는 '말씀과 치유의 떡'을 떠올립니다. 그리고 나는 '예수님의 3대 사역'이 내 사역에 풍성하기를 구합니다. 예수님은 3년 동안 설교(preaching)와 치유(healing)와 교육(teaching)을 하셨습니다.

우리도 이런 사역을 위해 더 많은 기름 부으심이 나타나기를 간구해야 합니다. 인간의 몸을 입고 이 땅에 오신 예수님은 오직 아버지가 보여주신 것만 구하고 찾고 두드리셨습니다. 그렇다면 우리는 성경에서 예수님이 어떤 일을 행하셨는지 보고 그것을 구해야 합니다. 그것이 '아버지의 뜻'이 땅에서 이루어지는 것이기 때문입니다.

예수님이 과연 어떤 일을 행하셨습니까?

천국 복음을 전파하시고 치유하셨습니다.

"예수께서 온 갈릴리에 두루 다니사 그들의 회당에서 가르치시며 천국 복음을 전파하시며 백성 중의 모든 병과 모든 약한 것을 고치시니 그의 소문이 온 수리아에 퍼진지라. 사람들이 모든 앓는 자 곧 각종 병에 걸려서 고통당하는

자, 귀신 들린 자, 간질하는 자, 중풍병자들을 데려오니 그들을 고치시더라."(마 4:23~24)

우리는 자기 힘으로 사역하지 말아야 합니다. 오직 성령의 권능 곧 기름 부으심으로 사역해야 합니다.

성령의 권능으로 설교해야 합니다.
성령의 권능으로 치유해야 합니다.
성령의 권능으로 양육해야 합니다.

떡 세 덩이는 성령님의 기름 부으심이다

당신은 떡 세 덩이가 무엇이라고 생각합니까?
예수님이 말씀하신 떡 세 덩이는 한 마디로 요약하면 '성령'입니다. 예수님은 결코 잡다한 것, 복잡한 것, 이해하기 어려운 것, 구하기 어려운 것을 말씀하지 않았고 이런 아이들도 이해할 수 있도록 쉽게 말씀하셨습니다.

"내가 또 너희에게 이르노니 구하라 그러면 너희에게 주실 것이요 찾으라 그러면 찾아낼 것이요 문을 두드리라 그러면 너희에게 열릴 것이니 구하는 이마다 받을 것이요 찾는 이는 찾아낼 것이요 두드리는 이에게는 열릴 것이니라. 너희 중에 아버지 된 자로서 누가 아들이 생선을 달라 하는데 생선 대신에 뱀을 주며 알을 달라 하는데 전갈을 주겠느냐? 너희가 악할지라도 좋은 것을 자식에게 줄 줄 알거든 하물며 너희 하늘 아버지께서 구하는 자에게 ‘성령’을 주시지 않겠느냐 하시니라.”(눅 11:9~13)

이런 내용을 읽으면 똑똑하다는 신학자들은 “히브리어로 생선은 무엇이고 뱀과 알과 전갈은 어떤 뜻이다. 유대인 랍비의 전통에 따르면 어쩌고” 하면서 해석할지도 모릅니다. 그러나 예수님은 간단하게 결론을 내리셨습니다.

“하물며 ‘성령’을 주시지 않겠느냐?”

그리고 여기서도 주기도문에 나오는 “우리 아버지”가 나옵니다. “너희 하늘 아버지께서”라고 하셨기 때문입니다. 성령을 구하고 찾고 두드리라는 말씀입니다. 성령을 받은 사람이 다시 성령을 구하고 찾고 두드리지는 않습니다. 나도 성령을 받았습니다. 그러기 때문에 내 몸을 성전 삼고 내 안에 가득히 계신 성령님을 더 이상 구하고 찾고 두드리지 않습니다. 하지만 이 말씀은 그런 뜻이 아닙니다. 현재 진행형으로 “어제나 오늘이나 영원토록 성령을 구하고 찾고 두드리라”는 말씀입니다. 왜 그럴까요?

“여행 중인 친구를 위한 성령님의 기름 부으심을 구하라” 그리고 “너희 하늘 아버지께 구하라”고 했기 때문입니다. 이해되십니까? 이것은 ‘나를 위한 성령’이 아닌 ‘우리를 위한 성령’입니다. 그래서 나는 “주님, 내 안에 강물처럼 가득히 주신 성령님의 기름 부으심이 내가 온 천하에 다니며 만민에게 복음을 전파하며 사역할 때 수천수만 배로 나타나게 해 주세요”라고 매일 간청하는 것입니다.

이것이 예수님이 종일 엎드려 하신 기도 내용입니다.

아나니아는 자기를 위한 성령을 다시 구하지 않았고 바울에게 가서 안수하며 그의 눈을 뜨게 하고 성령으로 충만케 했습니다. 베드로와 요한은 자기를 위한 성령을 다시 구하지 않았고 사마리아 성의 제자들을 위해 성령 받기를 위해 기도하고 안수했습니다. 베드로가 고넬료 집에서 말씀을 전할 때 베드로를 위한 성령이 다시 내린 것이 아니라 고넬료 집안 식구들을 위한 성령이 내렸습니다.

바울이 에베소에서 말씀을 전하고 기도할 때 바울을 위한 성령이 다시 내린 것이 아니라 아직 성령이 있음도 듣지 못한 열두 명의 제자들에게 성령이 내렸습니다.

나도 그렇습니다. 나는 가는 곳마다 기도하고 안수하는데, 그때마다 나를 위한 성령이 다시 내리는 것이 아닙니다. 내가 안수할 때 그곳에 모인 사람들을 위한 성령이 내리고 수천 명의 사람들이 즉시 방언을 말하기 시작하고 또 귀신이 정체를 드러내며 쫓겨 나갑니다.

축사의 은혜는 자녀를 위한 떡이다

당신은 귀신을 쫓아낸 적이 있습니까?

나는 그동안 성령님이 역사하실 때마다 귀신을 쫓아냈습니다. 내가 무릎 꿇고 하나님의 나라가 권능으로 임해 달라고 간절히 기도한 후에 말씀을 전하면 더러운 귀신이 정체를 드러내며 쫓겨 나갔고 병이 치유되었습니다.

예수님은 귀신 들린 사람들을 많이 고치셨습니다. 그분이 귀신을 쫓아내자 불치의 병이 즉시 치유되었습니다.

성경을 자세히 보십시오.

"예수께서 한 '말 못하게 하는 귀신'을 쫓아내시니 귀신이 나가매 말 못하는 사람이 말하는지라."(눅 11:14)

말 못하게 하는 귀신을 쫓아내면 그 사람이 말을 하게 되고 말 못 듣게 하는 귀신을 쫓아내면 그 사람이 말을 듣게 됩니다. 이런 일은 구약 시대에 전혀 없었습니다.

꼬부라지게 하는 귀신을 쫓아내면 꼬부라진 몸이 펴지

게 됩니다. 아기 못 가지게 하는 귀신을 쫓아내면 아기를 가지게 됩니다. 모든 병이 귀신 때문은 아니지만 많은 불치의 병, 원인 모를 병들은 귀신 때문입니다. 그러므로 예수 이름으로 안수하며 더러운 귀신을 쫓아내야 합니다.

"온 천하에 다니며 만민에게 복음을 전파하라"고 하신 예수님이 "너희가 내 이름으로 귀신을 쫓아내라. 병든 사람에게 손을 얹어라"고 명령하셨습니다. 이 모든 것이 대사명입니다. 어느 하나도 소홀히 하거나 자기 육신의 견해로 성경에서 삭제하고 가르치면 안 됩니다. 예수님은 귀신이 쫓겨 나가는 것 곧 축사를 '자녀의 떡'이라고 하셨습니다. 자녀의 떡은 자녀가 먼저 배불리 먹어야 합니다.

"예수께서 일어나사 거기를 떠나 두로 지방으로 가서 한 집에 들어가 아무도 모르게 하시려 하나 숨길 수 없더라. 이에 더러운 귀신 들린 어린 딸을 둔 한 여자가 예수의 소문을 듣고 곧 와서 그 발 아래에 엎드리니 그 여자는 헬라인이요 수로보니게 족속이라. 자기 딸에게서 귀신 쫓아내 주시기를 간구하거늘 예수께서 이르시되 자녀로 먼저 배불리 먹게 할지니 자녀의 떡을 취하여 개들에게 던짐이 마땅치 아니하니라. 여자가 대답하여 이르되 주여 옳소이다마는 상 아래 개들도 아이들이 먹던 부스러기를 먹나이다. 예수께서 이르시되 이 말을 하였으니 돌아가라 귀신이 네 딸

에게서 나갔느니라 하시매 여자가 집에 돌아가 본즉 아이
가 침상에 누웠고 귀신이 나갔더라.”(막 7:24~30)

예수님은 자녀의 떡을 취하여 자녀로 먼저 배불리 먹게
해야 한다고 하셨습니다. 많은 사람들이 말합니다.

“하나님의 자녀에게 어떻게 귀신이 들어갈 수 있나요?
나는 그동안 귀신이 절대로 못 들어간다고 배웠는데요.”

아닙니다. 한 사람이 주인으로 살고 있는 집에 강도가
들어갈 수 있는 것처럼 죽이고 도둑질하고 멸망시키는 악
한 영이 들어갈 수 있습니다. 바울은 “마귀에게 틈을 주지
마라”(엡 4:27)고 했습니다. 틈을 주면 얼마든지 들어간다
는 말입니다. 아나니아와 삽비라도 틈을 주므로 마귀가 들
어갔고 그로 인해 육체가 죽었습니다. 바울은 “이런 자를
사탄에게 내주었으니 이는 육신은 멸하고 영은 주 예수의
날에 구원을 받게 하려함이라”(고전 5:5)고 했습니다.

마귀에게 틈을 주므로 육체가 잠자는 자가 많습니다.

하나님이 그들을 가족에게서 빼앗아 가거나 임의로 데
려가신 것이 아닙니다. 마귀에게 틈을 주므로 마귀가 그
육체를 죽인 것입니다. “하나님의 자녀에게 귀신이 안 들
어간다. 절대로 그런 일이 없다”고 가르친다면 만약 그렇
게 되었을 때 그들은 자녀의 떡인 축사를 받을 수 없게 되

고 평생 고생하게 됩니다. 한 목사님이 그랬습니다.

그분은 공황 장애로 다 죽어 가는데 축사를 못 받았습니다. 자기 스스로도 축사하지 않았습니다. 매일 죽고 싶은 마음이 생기고 밤만 되면 너무 무섭고 잠도 못자고 또 자기도 모르게 고층 아파트 창문으로 걸어 나가 뛰어내리려고 했습니다. 병원에서는 신경 쇠약, 과로, 우울증, 공황 장애 등으로 판정 내리고 평생 가져가야 하는 병이니 약으로 다스리라고 했습니다. 그는 생각했습니다.

'내가 수천 명을 목회하는 대형 교회 목사인데, 내 몸에 악한 영이 들어온다고? 만약 그렇게 말하고 또 내가 치유 받은 후에 그런 간증을 하면 다들 얼마나 놀라겠어. 그럴 리가 없어. 내게 모르는 죄가 있나? 아니면 내 사역이 커지니까 하나님이 나를 겸손하게 하시려고 이런 불치의 병을 주셨나? 어쨌든 이것은 육체의 병일뿐이고 정확한 원인은 모르지만 하나님이 나를 징계하시는 것 같아. 나는 평생 약을 먹으면서 이걸 다스려야 해. 이것이 내 운명이야.'

또 한 목사님은 목회하면서 마음에 상처를 받고 이런 동일한 증상이 나타났는데 나를 찾아와 안수 받자 악한 영이 정체를 드러내며 떠나갔고 즉시 깨끗이 나았습니다.

또 한 목사님은 수만 명을 목회하는데 그런 증상이 나타났습니다. 그분은 매일 몇 시간씩 기도하는 분이었고 평소에도 예배 시간에 성도들에게 자기 몸에 손을 얹으라고 한 후에 예수 이름으로 명령하여 악한 영을 쫓아내는 분이 있기 때문에 처음엔 좀 당황하여 왜 이런 증상이 왔나 했지만 기도하는 중에 '마귀를 대적하라'는 성령님의 세미한 음성을 듣고 자기 머리에 손을 얹고 명령을 내렸습니다.

"마귀야, 물러가라. 악한 영아, 떠나가라."

그 즉시 자기를 누르던 악한 영이 떠나갔고 자유와 기쁨이 넘쳤습니다. 그가 해외에서 대형 전도 집회를 인도하는 것을 막으려고 마귀가 졸개인 귀신을 보냈던 것입니다.

당신도 기도 많이 하고 귀신을 쫓아내기 바랍니다.

나도 나 자신에게 손을 얹고 명령합니다.

"모든 악한 영은 떠나가라."

하나님의 나라가 권능으로 임하면 악한 영이 떠나갑니다. 이것은 자녀가 먼저 먹어야 하는 자녀의 떡입니다.

예수님은 이 떡을 자녀에게 배불리 먹이십니다.

마귀보다 억만 배나 더 강하신 성령님

당신은 강한 자를 굴복시킵니까?

마귀는 혈육을 가진 사람보다 강한 자입니다.

그런 자가 무장하고 사람들의 몸 안에 들어가 그것을 자기 집이라고 주장합니다. 그때 어떻게 해야 할까요? 예수님은 그를 굴복시키고 무장을 빼앗으라고 하셨습니다.

"강한 자가 무장을 하고 자기 집을 지킬 때에는 그 소유가 안전하되 더 강한 자가 와서 그를 굴복시킬 때에는 그가 믿던 무장을 빼앗고 그의 재물을 나누느니라. 나와 함께 하지 아니하는 자는 나를 반대하는 자요 나와 함께 모으지 아니하는 자는 헤치는 자니라. 더러운 귀신이 사람에게서 나갔을 때에 물 없는 곳으로 다니며 쉬기를 구하되 얻지 못하고 이에 이르되 '내가 나온 내 집으로 돌아가리라' 하고 가서 보니 그 집이 청소되고 수리되었거늘 이에 가서 저보다 더 악한 귀신 일곱을 데리고 들어가서 거하니 그 사람의 나중 형편이 전보다 더 심하게 되느니라."(눅 11:21~26)

강한 자인 마귀와 귀신들을 굴복시키려면 더 강한 자인 성령님이 와야 합니다. 그래서 예수님은 "내가 하나님의 성령을 힘입어 귀신을 쫓아내는 것이면 하나님의 나라가 너희에게 임했다"고 하신 것입니다. 하나님의 성령은 온 우주에서 가장 강한 자이십니다. 당신은 그분을 힘입어 귀신을 쫓아내야 합니다. 그러면 귀신이 떠나갑니다.

귀신은 "내가 나온 내 집"이라고 했습니다.

거짓말입니다. 마귀는 거짓말쟁이요 거짓의 아비입니다. 마귀는 사람들을 속이고 그 사람 몸에 들어가서 수십 년간 숨어 있는데, 안수하면 밖으로 끌려 나옵니다.

한 청년이 예배 중에 경련을 일으켰습니다.

나는 앞으로 나가 그의 머리에 손을 얹었습니다.

그러자 곧 귀신이 정체를 드러내며 말했습니다.

"얘는 내 거야. 나는 내 집에 들어와 있어. 왜 나를 괴롭히는 거야. 난 안 나갈 거야. 놔라. 놔."

내가 그 귀신을 어떻게 손으로 잡겠습니까? 그런데 그는 내게 내가 자기를 체포한 것처럼 괴로우니 자기를 놓아 달라고 했습니다. 안수에는 다른 사람에게 손을 대는 것으로 '축복하다'는 뜻과 '체포하다'는 뜻이 있습니다.

여기에 대해서는 제가 쓴 〈안수 기도〉라는 책을 구입해서 읽어보기 바랍니다. 예수님은 안수 곧 손을 얹어 어린 아이들을 축복하셨고 또 손을 얹어 질병과 귀신을 체포해서 쫓아내셨습니다. 우리는 이 두 가지를 다 해야 합니다.

어떤 사람은 안수하며 축복만 하고 또 어떤 사람은 안수하며 치유와 축사만 합니다. 나는 둘 다 합니다.

하나님의 나라가 권능으로 사역 현장에 임하면 더러운 귀신이 견디지 못하고 정체를 드러냅니다. 그때 당신이 손을 얹으면 귀신이 괴로워하며 쫓겨 나갑니다.

"예수 이름으로"라고 명령하면 귀신들이 쇠몽둥이 곧 철장으로 두드려 맞은 것처럼 고통스럽다고 덜덜 떱니다.

그런 후에는 "괴로워, 괴로워, 나갈게"라며 그 사람 몸에서 떠나갑니다. 그 시로부터 불치의 병이 낫기 시작합니다. 당신도 예수 이름으로 귀신을 쫓아내기 바랍니다.

더러운 귀신을 쫓아내는 방법

당신은 귀신을 쫓아낼 때 어떻게 합니까?

나는 안수하며 예수 이름으로 명령을 내립니다.

그때 예수님이 행하신 것처럼 "가라"고 짧게 명령합니다. 사람마다 귀신을 쫓아내는 방법이 조금씩 다를 것입니다. 나는 다른 사람이 하는 것을 보고 따라 하기보다는 예수님의 방법을 따라 하는 것이 가장 좋다고 생각합니다.

예수님이 어떻게 명령하셨습니까?

"가라."(마 8:32)

좀 더 자세히 알아볼까요?

예수님은 손을 내밀어 안수하셨다

예수님은 많은 경우 손을 내밀어 안수하셨습니다.

그분은 혼자 오래 기도한 후에 산에서 내려오셨고 치유 사역을 하셨는데, 어떻게요? 안수를 통해서입니다. 나병 환자를 고칠 때도 '손을 내밀며' 짧게 한 마디 하셨습니다.

"예수께서 산에서 내려오시니 수많은 무리가 따르니라. 한 나병환자가 나아와 절하며 이르되 '주여, 원하시면 저를 깨끗하게 하실 수 있나이다' 하거늘 예수께서 손을 내밀어 그에게 대시며 이르시되 '내가 원하노니 깨끗함을 받으라' 하시니 즉시 그의 나병이 깨끗하여진지라."(마 8:1~3)

이 얼마나 간단한 방법입니까? 손을 내밀어 그에게 대시는 순간 치유의 기름 부으심이 나타났습니다.

예수님은 말씀 한 마디로 치유하셨다

예수님은 말씀 한 마디로 치유하셨습니다.

한 백부장이 자기 하인이 중풍으로 괴로워한다며 고쳐 달라고 했는데 그는 "주님이 내 집에 오심을 감당치 못하겠으니 다만 말씀만 하소서. 그러면 내 하인이 낫겠습니다”라고 했습니다. 예수님은 “네 믿음이 크다. 네 믿음대로 되라”고 하셨고 즉시 나았습니다.(마 8:13)

예수님은 병을 꾸짖으셨다

예수님은 병을 꾸짖으셨습니다.
베드로의 장모의 열병을 고치실 때도 아주 간단했습니다. 집에 들어가 그녀를 보시고 그의 손을 만지시니 열병이 떠나갔습니다.(마 8:14~15) 다른 곳에서는 “열병을 꾸짖었다”고 했습니다. 당신도 병을 인격체로 대하며 담대하게 꾸짖으십시오. 그러면 곧 떠나갈 것입니다.

예수님은 병든 자들을 다 고치셨다

예수님은 병든 자들을 다 고치셨습니다.
예수님은 말씀으로 귀신들을 쫓아내시고 병든 자들을 다 고치셨습니다. 몇 명만 아니라 다 고치셨습니다.

"저물매 사람들이 귀신 들린 자를 많이 데리고 예수께 오거늘 예수께서 말씀으로 귀신들을 쫓아내시고 병든 자들을 '다 고치시니' 이는 선지자 이사야를 통하여 하신 말씀에 우리의 연약한 것을 친히 담당하시고 병을 짊어지셨도다 함을 이루려 하심이더라."(마 8:16~17)

예수님은 우리의 죄만 아니라 우리의 연약함과 병도 다 짊어지셨습니다. 그러므로 우리는 죄 사함 뿐만 아니라 치유와 건강도 받아 누려야 합니다. 다 나아야 합니다.

예수님은 환경도 꾸짖으며 다스리셨다

예수님은 환경도 꾸짖으며 다스리셨습니다.

"배에 오르시매 제자들이 따랐더니 바다에 큰 놀이 일어나 배가 물결에 덮이게 되었으되 예수께서는 주무시는지라. 그 제자들이 나아와 깨우며 이르되 '주여, 구원하소서. 우리가 죽겠나이다.' 예수께서 이르시되 '어찌하여 무서워하느냐? 믿음이 작은 자들아' 하시고 곧 일어나사 바람과 바다를 꾸짖으시니 아주 잔잔하게 되거늘 그 사람들이 놀랍게 여겨 이르되 '이이가 어떠한 사람이기에 바람과 바다

도 순종하는가?' 하더라."(마 8:23~27)

예수님은 짧게 한 마디만 하셨다

예수님은 많은 경우 짧게 한 마디만 하셨습니다.

군대 귀신을 쫓아내는 것도 그랬습니다. "가라"고 한 마디만 하셨습니다. 그런데 엄청난 수의 귀신들이 다 떠나갔습니다. 당신에게도 그런 막강한 권세가 있습니다.

"또 예수께서 건너편 가다라 지방에 가시매 귀신 들린 자 둘이 무덤 사이에서 나와 예수를 만나니 그들은 몹시 사나워 아무도 그 길로 지나갈 수 없을 지경이더라. 이에 그들이 소리 질러 이르되 '하나님의 아들이여, 우리가 당신과 무슨 상관이 있나이까? 때가 이르기 전에 우리를 괴롭게 하려고 여기 오셨나이까?' 하더니 마침 멀리서 많은 돼지 떼가 먹고 있는지라. 귀신들이 예수께 간구하여 이르되 '만일 우리를 쫓아내시려면 돼지 떼에 들여보내 주소서' 하니 그들에게 '가라' 하시니 귀신들이 나와서 돼지에게로 들어가는지라. 온 떼가 비탈로 내리달아 바다에 들어가서 물에서 몰사하거늘……."(마 8:28~32)

당신도 귀신들을 쫓아낼 때 많은 말을 할 필요가 없습

니다. 아무리 수가 많은 군대 귀신이라 할지라도 당신이 오래 기도하므로 하나님의 나라가 권능으로 임했을 때는 귀신이 정체를 드러낼 것이며, 그때 당신이 입을 열어 "가라!"고 한 마디만 하면 떠나갈 것입니다.

이 한 마디만 기억하십시오.

"가라!"

모방한다고 되는 것이 아니다

당신은 기도하지 않고 방법만 따라 하지 않습니까?

많은 사람들이 먹고 마시는 일에 바쁘게 돌아다니며 예수님처럼 한적한 곳에 가서 혼자 오래 기도하지 않습니다.

그래서 간질 귀신을 쫓아내지 못한 예수님의 제자들처럼 사역 현장에서 온갖 부끄러움과 수치를 당하게 되는 것입니다. 그들은 귀신들린 사람이 요동을 쳐도 무슨 일인지 몰라 당황합니다. 아무리 히브리어를 잘하고 종교 형식에 능통한 유대인 제사장이라 할지라도 또 그런 아버지를 보고 자란 아들이라 할지라도 기도하지 않으면 기름 부으심이 나타나지 않습니다. 바울이 귀신을 쫓는 것을 본 스게와라는 유대인 제사장의 일곱 아들도 이런 일을 했습니다.

귀신이 그들에게 말했습니다.

"나는 예수도 알고 바울도 아는데 너희들은 누구냐?"

그리고서 악귀 들린 사람이 그들에게 달려들어 그들을 짓눌러 이겼습니다. 그들은 몸에 상처를 입고 벗은 몸으로 그 집에서 도망쳐야 했습니다.(행 19:14~16)

그들이 벗은 몸이 되었다는 것은 단순히 육체의 옷만 말하는 것이 아닙니다. 영적으로도 벌거벗었다는 말입니다. 예수님은 그분의 종들에게 말씀하십니다.

"나는 네 행위를 안다. 너는 차지도 않고, 뜨겁지도 않다. 네가 차든지 뜨겁든지 하면 좋겠다. 네가 이렇게 미지근하여, 뜨겁지도 않고 차지도 않으니, 나는 너를 내 입에서 뱉어 버리겠다. 너는 풍족하여 부족한 것이 조금도 없다고 하지만, 실상 너는, 네가 비참하고 불쌍하고 가난하고 눈이 멀고 벌거벗은 것을 알지 못한다. 그러므로 나는 네게 권한다. 네가 부유하게 되려거든 불에 정련한 금을 내게서 사고, 네 벌거벗은 수치를 가려서 드러내지 않으려거든 흰 옷을 사서 입고, 네 눈이 밝아지려거든 안약을 사서 눈에 발라라."(계 3:15~18)

나는 골방에서 끝도 없이 기도합니다. 더 많은 기름 부으심이 사역 현장에 나타나기를 사모하기 때문입니다.

나는 한 번에 수만 명, 수십만 명이 모이는 전도 집회를 열기 원하며 그곳에 모인 모든 병든 사람이 다 치유 받기를 원합니다. 이를 위해 날마다 하나님의 나라가 권능으로 사역 현장에 임해 달라고 간절히 기도합니다.

"주여, 하나님의 나라가 권능으로 열방에 임하소서."

그리고 내가 매일 하는 기도는 바로 이것입니다.

"주여, 이제도 그들의 위협함을 굽어보시옵고 또 종들로 하여금 담대히 하나님의 말씀을 전하게 하여 주시오며 손을 내밀어 병을 낫게 하시옵고 표적과 기사가 거룩한 종 예수의 이름으로 이루어지게 하옵소서."(행 4:29~30)

당신도 기도해야 합니다. 기도에 헌신하십시오.

하루에 몇 시간씩 기도하십시오. 한나절 또는 종일 기도하십시오. 기도할 때 하나님의 나라가 권능으로 임합니다. 예수님은 "기도 외에는 다른 것으로는 이런 유가 나갈 수 없다"고 하셨습니다. 기도하면 영의 눈이 떠집니다.

예수님은 주의 종들에게 "안약을 사서 발라 보게 하라"고 말씀하십니다. 어떻게 안약을 삽니까? 뭔가를 산다는 것은 값을 지불해야 한다는 것입니다. 어떻게 값을 지불할 수 있나요? '시간'이란 비용을 예수님께 지불하는 것입니다. 그것은 곧 한적한 곳에 가서 오래 기도하는 것입니다.

그러면 성경을 볼 때 엄청난 깨달음이 다가옵니다.

이것이 '안약을 사서 눈에 바르는 방법'입니다. 내가 영으로 오래 기도하면서 값을 지불한 후에 성경을 펴서 읽으면 예수님이 어떻게 행하셨는지 눈에 생생히 보입니다. 그렇게 보이는 것을 설교 시간에 증언합니다. 쉽습니다.

예수님이 말씀 한 마디로 군대 귀신을 쫓아내셨을 때 마을 사람들이 어떻게 반응했습니까?

"치던 자들이 달아나 시내에 들어가 이 모든 일과 귀신 들린 자의 일을 고하니 온 시내가 예수를 만나려고 나가서 보고 그 지방에서 떠나시기를 간구하더라."(마 8:33~34)

놀랍지 않습니까? 돼지를 치던 사람들이 도망가서 읍내에 들어가 이 모든 일과 귀신 들린 사람들에게 일어난 일을 알렸습니다. 그때 온 읍내 사람들이 예수를 만나러 나왔습니다. 그들은 예수를 보고 자기네 지역을 떠나 달라고 간청했습니다. 당신은 그런 경험을 한 적이 없습니까?

예수님이 자기늘이 생각하는 방식과 다르게 일하셨고 그로 인해 막대한 피해를 입었기 때문에 더 이상 용납할 수 없다고 생각한 것입니다. 오늘날도 이런 일이 생깁니다. 나도 집회를 인도하면서 그런 교회를 보았습니다.

당신도 혹시 주님께 이렇게 말씀드리지 않습니까?

“이건 우리가 원했던 일이 아닙니다. 이 일 때문에 우리가 재정적인 큰 손해를 봤습니다. 이 일이 마음에 안 든다고 몇 명이 떠났습니다. 주님, 우리 교회를 떠나소서.”

제발 그러지 말기 바랍니다. 예수님은 주권자이십니다.

예수의 영이신 성령님은 곧 ‘주의 영’이십니다. 나는 주의 영이신 성령님께서 내가 생각한 것과 전혀 다르게 일하셔도 다 받아들이기로 했습니다. 나는 주인이 아니며 종입니다. 종은 주인에게 이래라 저래라 할 수 없습니다.

성령님은 내 삶과 사역의 주인님이십니다.

그래서 나는 날마다 이렇게 기도합니다.

“주의 영이시여, 마음대로 일하소서.”

인맥이 아닌 성령님께 도움을 구하라

당신은 문제가 생기면 누구에게 도움을 구합니까?

나는 오직 성령님께 도움을 구하며 그분께 문제를 양도합니다. 내 주위에 있는 어떤 사람도 나를 진정으로 도울 힘이 없습니다. 그래서 나는 인생과 방백을 의지하지 않습니다. 나는 사람늘이 이렇게 말하는 것을 들었습니다.

"인맥을 많이 쌓아야 해. 그러면 내게 문제가 생겼을 때 그들에게 달려가 도움을 받을 수 있어."

과연 그럴까요? 사람들은 당신에게 문제가 생겨 힘이 없다고 느껴지면 다들 떠납니다. 때로는 부모 형제도, 가까운 친구도 떠납니다. 물론 그 중에 끝까지 당신 곁에 남아 당신을 돕겠다고 말하는 사람이 한 명이라도 있다면 위로가 될 것입니다. 그분은 오직 성령님이십니다.

그분이 말씀하십니다.

"네 부모는 너를 버릴지라도 나는 너를 버리지 않겠다. 나는 너를 고아와 같이 버려두지 않고 영원히 너와 함께 하겠다. 나는 너를 돕기 위해 온 보혜사다."

자나 깨나 성령님을 의지하십시오. 성령님은 영원히 당신 편이시며, 당신을 돌보는 일에 신실하십니다.

성령님은 당신을 존귀하게 여기십니다.

당신이 영원히 의지해야 할 분은 성령님뿐입니다. 그러므로 죽도록 그분을 의지하십시오. 나는 그렇게 합니다.

내게는 그분 외에 다른 희망이 없습니다.

어제도 그랬고 오늘도 그렇고 내일도 그럴 것입니다.

"그래도 사람이 중요하지 않나요? 왕들과 부자들, 학자들, 그들이 돈과 권력과 지식을 많이 갖고 있어요."

그들의 마음을 움직이시는 분은 하나님이십니다. 그들도 자기 문제로 인해 골머리를 앓고 있습니다. 모든 인생은 개미와 같습니다. 모래처럼 작은 문제가 생겨도 좌절하고 낙심합니다. 성령님은 문제보다 억만 배나 크신 분입니다. 당신은 천지를 만드신 성령님을 바라보아야 합니다.

만약 어떤 사람이 당신을 도와주겠다면 "잘 부탁합니다"라며 그에게 당신의 문제를 양도할 것입니다. 이때 꼭 기억해야 할 것이 하나 있습니다. 과연 그가 진짜로 당신의 문제를 해결할 수 있냐는 것입니다. 그가 그런 힘과 지혜가 있나요? 성령님께는 그런 힘과 지혜가 있습니다.

성경은 "도울 힘이 없는 인생을 의지하지 말고 전능하신 하나님을 의지하라"고 말씀합니다. 그 하나님은 누구입니까? 바로 지금 당신과 함께 계신 성령님이십니다.

성령님은 결코 작고 나약한 분이 아닙니다. 미련하고 어리석은 분이 아닙니다. 그분은 온 우주에서 가장 강하고 지혜로우신 분입니다. 그런 분이 당신과 함께 계십니다.

성령님께 당신의 모든 문제를 양도하십시오.

백성들을 위로하시는 성령님

당신은 성령님의 위로를 받습니까?

나는 사람들에게 말할 수 없는 나만의 큰 고통으로 힘들어 한 적이 여러 번 있습니다. 그때마다 성령님의 따뜻한 위로를 받았습니다. 당신은 어떤가요? 사람의 위로를 찾아다니지 않나요? 사람에게서는 진정한 위로를 받을 수 없습니다. 가장 큰 위로자는 성령님이십니다.

"너희의 하나님이 이르시되 너희는 위로하라. 내 백성을 위로하라."(사 40:1)

많은 경우 성령님은 주의 종을 통해 그분의 백성들을 위로하십니다. 주의 종들은 각종 율법주의 기준으로 성도들을 끝도 없이 정죄하고 책망하는 일을 하지 말아야 합니다. 설교 시간에도 그러지 말아야 합니다. 그 대신 예수 그리스도의 속량의 은혜에 근거한 위로의 말을 많이 해주어야 합니다. 그리스도 예수 안에 있는 자들에게는 결코 정죄함이 없습니다. 생명의 성령의 법인 믿음의 법이 죄와 사망의 법인 율법에서 그들을 해방했기 때문입니다.

나도 예전에 설교할 때 많은 경우, 성도들을 정죄하고 책망했습니다. 그 모든 설교는 내게 먼저 적용되었고 그로 인해 나는 율법의 저주에서 벗어나지 못했습니다.

교인들이 예배 시간에 5분만 늦어도 문을 닫고 못 들어오게 하고 싶었습니다. 내가 전도사 시절에 섬기던 교회도 그렇게 했습니다. 그 교회는 500명 정도 모이는 교회였는데 11시 정각이 되면 예배당 문을 닫고 지각한 사람을 모두 밖에 서있게 했습니다. 그들은 안으로 들어오지 못한 채 바깥에 있는 텔레비전을 통해 서서 예배해야 했습니다.

그리고 몇 가지 순서가 지나고 성가대가 찬양할 때쯤에야 들어올 수 있었습니다. 나는 생각했습니다.

'아, 깔끔하고 좋다. 저렇게 통제해야 해.'

그 교회는 교인들도 목사님처럼 서로 정죄하고 심판하는 위치에 서 있었습니다. 그 후에 나도 교회를 개척해서 섬길 때 나도 모르게 그런 나쁜 공기를 내뿜고 있었습니다. 어느 날 주님께서 그런 내게 말씀하셨습니다.

'교회에 늦게 온다고 그들을 정죄하지 마라. 너는 그보다 더했다. 네가 주일학교 시절, 중고등부 시절, 청년부 시절을 모두 떠올리며 잘 생각해 보아라. 네가 얼마나 많이 지각했는지. 그런 것 때문에 나의 양을 정죄하고 책망하지 말고 위로하라. 그들에게는 위로가 필요하다. 나는 위로의 하나님이다. 어떤 사람도 정죄하거나 책망하지 마라.'

나는 놀랐습니다. 그동안 나는 지각한 적이 없다고 생각했는데, 주님의 음성을 듣고 가만히 생각해보니 정말 지각하고 결석한 적이 많았습니다. 주일학교 때는 예배를 빼먹은 적도 있고 중고등부 때는 지각한 적이 많았습니다.

청년부 때는 주일학교 교사를 한다고 일찍 나왔기 때문에 주일 예배에 지각한 적이 없었던 것 같습니다. 아, 그래도 있었군요. 주일학교 예배가 끝난 후에 아이들을 집에까지 데려다 주고 오면 성가대 연습 시간에 종종 늦곤 했습니다. 그리고 주일저녁예배, 수요예배, 금요기도회는 다른 일을 하다가 갔기 때문에 매번 늦곤 했습니다. 그렇게 늦어도 가기만 하면 목사님은 나를 정죄하지 않고 반갑게 맞아 주었습니다. 모든 모임에 종종 늦었던 것 같습니다.

그런 내가 지금은 바뀌어 한 시간 일찍 갑니다. 하지만 그것이 하나님과 사람들 앞에서 '내 의'가 될 수는 없습니다. 주님은 항상 "남의 눈에 있는 티를 보지 말고 네 눈에 있는 들보를 보라"고 하셨습니다. 나는 회개했습니다.

당신도 '티 마인드'로 다른 사람을 정죄하고 책망하지 말고 '들보 마인드'로 자기를 돌아보며 회개하고 또 주의 백성들을 위로하기 바랍니다. 너그러운 마음을 가지십시오. 십계명 외에 많은 규정들은 사람이 정한 것입니다.

온갖 규정을 들먹이며 양들을 정죄하지 마십시오.

"그래도 그들이 더 잘하도록 꾸짖어야 하지 않나요?"

디모데후서 2장 25절에 이렇게 말씀합니다.

"거역하는 자를 온유함으로 훈계할지니 혹 하나님이 그들에게 회개함을 주사 진리를 알게 하실까 하며……."

꾸짖지 말고 온유함으로 훈계하십시오.

속량의 은혜를 깨닫게 하시는 성령님

성령님은 속량의 은혜를 깨닫게 하십니다.

"너희는 예루살렘의 마음에 닿도록 말하며 그것에게 외치라. 그 노역의 때가 끝났고 그 죄악이 사함을 받았느니라. 그의 모든 죄로 말미암아 여호와의 손에서 벌을 배나 받았느니라 할지니라 하시니라."(사 40:2)

아담과 하와 이후로 모든 사람이 죄를 범하므로 하나님의 영광에 이르지 못하고 마귀의 종이 되어 노역의 삶을 살게 되었습니다. 그러나 예수님이 오시므로 그들의 노역의 때가 끝났습니다. 예수님은 사람들에게서 귀신을 쫓아내고 병을 고치셨습니다. 그들의 죄를 사하셨습니다.

그들이 자신들의 죄로 인해 벌을 받아야 하는데 예수님이 대신 십자가에 달려 형벌을 받으셨습니다. 예수님은 세상 죄를 지고 가는 하나님의 어린 양으로 오셨습니다.

아담과 하와가 죽어야 하는데 하나님이 양을 죽여 가죽옷을 입혀 주었습니다. 아벨이 죽어야 하는데 양을 죽여 제사를 지내게 했습니다. 이삭이 죽어야 하는데 양이 대신 제물로 죽게 하셨습니다. 요셉이 죽어야 하는데 양이 대신 찢기고 피 흘리게 하셨습니다. 그렇습니다. 우리가 죽어야 하는데 예수님이 대신 피 흘려 죽게 하셨습니다.

예수님은 우리의 죄와 목마름, 병과 가난, 어리석음과 징계와 죽음을 다 짊어지고 십자가에서 피와 땀과 눈물을 쏟으며 값을 다 지불하고 비참하게 죽으셨습니다. 그리고 예수님을 구주로 믿는 모든 사람에게 의와 성령 충만, 건강과 부요함, 지혜와 평화와 생명을 선물로 주십니다.

성령님은 우리가 이러한 '속량의 은혜'를 믿을 수 있도록 깨달음과 하나님의 믿음을 주십니다. 그로 인해 비참한 인생에서 비옥한 인생으로 바뀌게 하십니다. 성령님이 아니고는 단 한 명도 그렇게 바뀌지 않습니다. 나도 그렇습니다. 성령님 때문에 내 인생이 완전히 바뀌었습니다.

주의 종을 불러 세우시는 성령님

성령님은 주의 종들을 불러 세우십니다.

"외치는 자의 소리여 이르되 너희는 광야에서 여호와의 길을 예비하라. 사막에서 우리 하나님의 대로를 평탄하게 하라. 골짜기마다 돋우어지며 산마다 언덕마다 낮아지며 고르지 아니한 곳이 평탄하게 되며 험한 곳이 평지가 될 것이요."(사 40:3~4)

이 말씀은 세례 요한을 비롯한 수많은 주의 종들에 대한 예언입니다. 성령님은 추수할 일꾼을 부르십니다. 그들은 외치는 자의 소리가 되어 광야에서 여호와의 길을 예비합니다. 이 세상에는 많은 직업이 있습니다. 그런 일도 귀하지만 특별히 주의 말씀을 전하는 주의 종으로 부름 받는 것이 가장 큰 영광이고 가장 귀한 길을 가는 것입니다.

나는 한 청년에게 이렇게 말해 주었습니다.

"세상에는 많은 남자들이 있지만 너는 주의 종과 결혼하면 좋겠다. 그래서 전국과 세계를 다니며 복음을 전하고 열방 중에 주의 이름을 찬송하면 좋겠다. 너는 부족하다고 느끼겠지만 성령님이 너를 불러 쓰시고 너를 통해 일하시면 가능하다. 그런 배우자감을 달라고 기도하기 바란다."

예수님이 곧 재림하십니다. 그동안 많은 나팔 소리가 울렸습니다. 이제 '마지막 나팔 소리'가 울리면 그분이 오실 것입니다. 이러한 때 세상 사람들 밑에서 직장 다니고 아르바이트한다고 세월을 다 보낼 것이 아니라 하나님 앞에 엎드려 기도하고 온 천하에 다니며 만민에게 복음을 전하기 위해 주의 종으로 쓰임 받는다면 얼마나 영광스럽고 좋은 일일까요? "세월을 아끼라"(엡 5:16, 골 4:5)고 했습니다. 성령님께 사로잡혀 주의 종의 길을 가십시오.

성령님과 함께 앉아 더 오래 기도하고 성령님과 함께

다니며 더 많은 사람에게 복음을 전하십시오. 이것이 최고의 인생입니다. 당신을 억만 번이나 축복합니다.

성령님은 눈에 보이는 여호와의 영광이다

성령님은 눈에 보이는 여호와의 영광입니다.

"여호와의 영광이 나타나고 모든 육체가 그것을 함께 보리라. 이는 여호와의 입이 말씀하셨느니라."(사 40:5)

당신은 여호와의 영광이 나타난 것을 본 적이 있습니까? 성경은 "모든 육체가 그것을 함께 보리라"고 했습니다. 이러한 여호와의 영광은 육체의 눈으로 보고 만질 수 있는 실제적인 것입니다. 지금 이러한 여호와의 영광이 온 세상에 많이 나타나고 있습니다. 전에는 어땠나요?

이스라엘 백성들이 광야에 있을 때 주님의 영광이 구름 속에 나타났습니다.(출 16:10) 주님의 영광이 시내 산 위에 머물렀고 엿새 동안 구름이 산을 뒤덮었으며, 이렛날 주님께서 구름 가운데서 모세를 부르셨습니다.(출 24:16)

이스라엘 자손의 눈에는 주님의 영광이 마치 산꼭대기에서 타오르는 불처럼 보였습니다.(출 24:17) 주님의 영광이 모세 앞에 지나갔습니다.(출 33:22) 주님의 영광이 성막에 가득 찼습니다.(출 40:34) 온 회중이 모세와 아론을 돌로 쳐 죽이려고 할 때 주님의 영광이 회막에서 온 이스라엘 자손에게 나타났습니다.(민 14:10)

주님의 영광이 주님의 성전을 가득 채워서 구름이 자욱하였으므로 제사장들은 서서 일을 볼 수가 없었습니다.(왕상 8:10~11) 주님의 영광이 성전 문지방을 떠나 그룹들 위로 가서 머물렀습니다.(겔 10:18) 이러한 영광은 구약 시대에만 있는 것이 아니라 지금도 실제로 있습니다.

예수님이 높은 산에서 기도하실 때도 하나님의 영광의 구름이 일어나 그를 덮었고 그 속에서 소리가 났습니다. "이는 내 사랑하는 아들이다. 너희는 그의 말을 들어라."

나는 주일에 예배할 때 하나님의 영광의 구름이 예배당에 가득히 밀려와 달라고 간구합니다.

"주의 영이시여, 마음대로 역사하소서. 모든 육체가 볼 수 있을 정도로 하나님의 영광의 구름이 밀려오소서."

그러면 실제로 그렇게 됩니다.

성령님은 육체를 풀처럼 넘어뜨리신다

성령님은 모든 육체를 풀처럼 넘어뜨리십니다.

"말하는 자의 소리여 이르되 외치라. 대답하되 내가 무엇이라 외치리이까 하니 이르되 모든 육체는 풀이요 그의 모든 아름다움은 들의 꽃과 같으니 풀은 마르고 꽃이 시듦은 여호와의 기운이 그 위에 붊이라. 이 백성은 실로 풀이로다. 풀은 마르고 꽃은 시드나 우리 하나님의 말씀은 영원히 서리라 하라."(사 40: 6~8)

여기서 "우리 하나님의 말씀"은 곧 '복음'을 말합니다.

베드로는 이 구절을 인용하면서 "모든 육체는 풀과 같고 그 모든 영광은 풀의 꽃과 같으니 풀은 마르고 꽃은 떨어지되 오직 '주의 말씀'은 세세토록 있도다 하였으니 '너희에게 전한 복음'이 곧 이 말씀이니라"고 했습니다.

복음이 무엇입니까? 예수님이 십자가에서 외치신 "다 이루었다"(요 19:30)입니다. 예수님이 우리 대신 십자가에 달려 죄와 목마름, 병과 가난, 어리석음과 징계와 죽음을 다 짊어지고 피와 물을 쏟으셨습니다. 그리고 그분은 죄가 없는 하나님의 아들이시므로 죽은 지 사흘 만에 부활하셨습니다. 그 예수 그리스도를 구주로 믿는 사람은 의와 성령 충만, 건강과 부요, 지혜와 평화와 생명을 얻습니다.

이러한 복음 곧 하나님의 말씀이 선포될 때에 여호와의

기운이 붑니다. 그러면 모든 육체는 풀과 같이 쓰러집니다. "이 백성은 실로 풀이라"는 말씀처럼 기름 부으심이 강하게 나타나면 모든 육체가 실제로 풀처럼 됩니다.

사람들은 자기 인생이 대단한 것 같이 얼굴과 발을 드러내지만 사실 인생은 아무것도 아닙니다. 모든 육체는 풀과 같고 그 영광이 풀의 꽃과 같습니다. 풀은 마르고 꽃은 떨어집니다. 오직 주의 말씀 곧 복음만 영원합니다. 복음은 곧 예수 그리스도의 영이신 성령님 자신입니다. 성령의 바람이 불면 모든 육체는 쓰러져 회개하게 됩니다.

성령님은 강하신 하나님이다

성령님은 강하신 하나님입니다.

"아름다운 소식을 시온에 전하는 자여, 너는 높은 산에 오르라 아름다운 소식을 예루살렘에 전하는 자여, 너는 힘써 소리를 높이라. 두려워하지 말고 소리를 높여 유다의 성읍들에게 이르기를 '너희의 하나님을 보라' 하라. 보라, 주 여호와께서 장차 강한 자로 임하실 것이요 친히 그의 팔로 다스리실 것이라. 보라, 상급이 그에게 있고 보응이 그의 앞에 있으며 그는 목자 같이 양 떼를 먹이시며 어린 양을

그 팔로 모아 품에 안으시며 젖먹이는 암컷들을 온순히 인
도하시리로다.”(사 40:9~11)

당신은 예배할 때 무엇을 바라봅니까?

나는 전에 예배할 때 성령님이 아닌 사람들을 바라본
적이 있습니다. 누가 오나 안 오나? 오늘은 몇 명이 오나
에 민감했습니다. 그런 나를 하나님은 질투하셨습니다.

하루는 그분이 내게 말씀하셨습니다.

‘너는 어찌하여 나를 바라보지 않고 사람들을 바라보느
냐? 내가 베드로에게 나를 사랑하느냐고 물었던 것처럼 네
게도 나를 사랑하느냐고 묻고 싶다. 나를 가장 사랑하는 자
가 진정으로 내 양을 치고 먹일 수 있다. 하지만 나보다 양
을 더 사랑하는 자는 내 양을 치고 먹일 수 없다. 내가 너에
게 세 번 묻겠다. 너는 나를 사랑하느냐?’

나는 회개했습니다. 내가 주님보다 양을 더 사랑하고
그에게 민감하면 주님은 그 양을 모두 다른 교회로 보내셨
습니다. 다른 사람들은 왜 그가 갑자기 나오지 않고 다른
교회에 갔는지 몰랐습니다. 나는 회개했습니다.

주님은 1분 1초라도 내 눈 앞에 다른 사람을 떠올리기
를 원치 않으셨고 오직 주님만 떠올리기 원하셨습니다.

당신은 어떻습니까? 군중이 수천 명이든 수만 명이든

그들의 얼굴을 바라보면서 예배하면 그것은 주님을 예배하는 것이 아니라 군중을 예배하는 것이 됩니다.

실제로 교회 안에서 군중을 예배하는 사람, 아름다운 건물을 예배하는 사람, 다채로운 공연을 예배하는 사람이 있는데 그 모든 것이 우상이 될 수 있습니다. 성령님이 아닌 만물을 바라보며 예배하는 것은 모두 우상 숭배입니다.

말일 그랬다면 회개하십시오. 이제 나는 예배할 때마다 내 앞에 임재 해 계신 성령님의 얼굴만 바라봅니다.

다윗은 고백했습니다.

"내가 항상 내 앞에 계신 주를 뵈었음이여."(행 2:25)

주의 종들은 외쳐야 합니다.

"너희 하나님을 보라."

주 여호와께서 강한 자로 임하여 친히 그의 팔로 다스리십니다. 그분이 양떼를 인도하십니다. 그러므로 주의 종은 양떼를 성령님께 양도해야 합니다. 성령님이 목자이십니다. 그분은 그의 팔로 양떼를 안아 위로하고 치유하시며, 온순히 그들을 인도하십니다. 성령님의 임재를 인정하고 믿으십시오. 두 손을 들고 이렇게 기도하십시오.

"성령님, 목회를 양도합니다. 성령님께서 목회에 기름 부으시고 우리 교회를 원하시는 대로 사용해 주세요."

성령님은 지혜와 모략의 영이시다

성령님은 지혜와 모략의 영이십니다.

"누가 손바닥으로 바닷물을 헤아렸으며 뼘으로 하늘을 쟀으며 땅의 티끌을 되에 담아 보았으며 접시저울로 산들을, 막대 저울로 언덕들을 달아 보았으랴. 누가 여호와의 영을 지도하였으며 그의 모사가 되어 그를 가르쳤으랴. 그가 누구와 더불어 의논하셨으며 누가 그를 교훈하였으며 그에게 정의의 길로 가르쳤으며 지식을 가르쳤으며 통달의 도를 보여 주었느냐."(사 40:12~14)

성령님은 손바닥으로 바닷물을 헤아리시는 분입니다.

그분은 뼘으로 하늘을 재시는 분입니다. 티끌을 되에 담으시는 분입니다. 접시저울로 산들을, 막대 저울로 언덕들을 달아보시는 분입니다. 그분은 우주에서 가장 크고 지혜로우신 분입니다. 그러므로 그분에게 물어야 합니다.

성령님은 묻지 않는 자에게 말씀하지 않으십니다.

한 목사님이 어떤 사역을 힘들게 끝낸 후에 주님께 물었습니다. 그런데 주님께서 놀라운 깨달음을 주시면서 '너는 왜 4년 전에 그것을 내게 묻지 않았느냐?'라고 하셨습니다. 그는 또 자신의 사역을 빨리 키우겠다고 머리를 굴렸습니다. 그러자 주님께서는 '내가 네게 지시할 때까지 함부로 사역의 장소를 옮기거나 키우지 말고 지금 있는 곳에서 지금 하는 그대로 사역하라'고 말씀하셨습니다.

당신도 성령님께 묻기 바랍니다. 이렇게 말하세요.

"성령님, 어떻게 할까요?"
"성령님은 어떻게 생각하시나요?"

많은 주의 종들이 말로만 "내가 주의 종이다"라고 하지 실제로는 주인님에게 묻지 않습니다. 종은 주인에게 물어야 합니다. 큰일도 묻고 작은 일도 물어야 합니다. 큰일도 기도하고 작은 일도 기도해야 합니다. 여리고 성 같은 큰 문제도 주님께 묻고 아이 성 같은 작은 문제도 물어야 합니다. 사실 주님께는 크고 작은 문제가 없습니다.

주인과 종의 위치만 있을 뿐입니다. 주의 종은 작은 일이라도 임의대로 처리하면 안 됩니다. 종은 종의 자리에서 종의 일을 해야 합니다. 주인의 자리에 서면 안 됩니다.

주님께 묻지 않고 자기 뜻대로 행한 종은 책망 받을 것입니다. "나는 너를 도무지 알지 못한다. 너는 불법을 행하는 자다." 그리고 그 사역지에서 쫓겨날 것입니다.

"이 사람을 내쫓아라. 바깥 어두운 곳에서 슬피 울며 이를 갚이 있으리라. 자기가 주인 행세했다.”

예수님의 ‘달란트 비유’에서 한 달란트 받았던 자가 말했습니다. “주인이여, 당신은 굳은 사람이라. 심지 않은 데서 거두고 헤치지 않은 데서 모으는 줄을 내가 알았습니다.” 주인에 대한 자기 선입견을 갖고 ‘반역’한 것입니다.

당신은 어떤가요? 매사에 주님께 묻고 그분이 시키는 대로 하고 있나요? 그렇지 않았다면 회개하십시오.

우리는 주의 종의 위치에서 주님께 물어야 합니다.

다윗이 그랬습니다. 그는 전쟁할 때 조급한 마음으로 서두르지 않고 “저 블레셋과 싸울까요?”라고 물었습니다.

하지만 사울은 묻지 않고 제 멋대로 행함으로 버림받았습니다. 그는 멋대로 제사지냈고 하나님이 진멸하라고 한 아각 왕을 살려 두고 살찐 양과 소를 죽이지 않았습니다.

예수님의 제자들은 항상 예수님께 물었습니다.

“주여, 왜 우리는 귀신을 쫓아내지 못했습니까?”라며 자신에게 왜 능력이 나타나지 않는지 물었습니다. 당신도 능력이 안 나타나면 왜 그런지 물어야 합니다. 제자들은 큰돈만 아니라 작은 세금도 예수님께 물었습니다.

당신도 크고 작은 모든 일에 주님께 물으십시오.

“주님, 이런 일이 생겼습니다. 어떻게 하면 될까요?”

아직 그럴 정도의 영적인 단계는 아니라고요?

그런 영적인 단계는 없습니다. 바울은 다메섹 도상에서 예수님을 만난 그 순간부터 물었습니다.

"주여, 뉘시옵니까? 제가 무엇을 할까요?"

당신도 질문 목록을 만들고 낱낱이 물으십시오.

필요에 따라 "누가, 언제, 어디서, 무엇을, 어떻게, 왜"라고 구체적으로 물으십시오. 인간관계가 복잡하고 힘들다고요? 성령님은 모략 곧 '처세술'에 능하신 분입니다.

이사야서에 "누가 그에게 지식을 가르쳐 드리며, 슬기로운 처세술을 가르쳐 드리는가?"라고 했습니다.

나는 사람 문제가 생길 때마다 성령님께 처세술을 구했습니다. 그러면 그분이 정확하게 그 문제를 해결하게 하셨습니다. 얼마 전에 한 사람이 내게 "당신을 우리 모임의 지도자로 세우려고 합니다"라고 두 번이나 말했습니다. 그때 주님께서 내 마음에 세미한 음성으로 말씀하셨습니다.

'그 사람의 말에 반응하지 마라.'

나는 못 들은 척하고 전혀 반응하지 않았습니다.

그 사람이 어떤 의도로 그런 말을 했는지 나는 모르고 또 알 필요도 없습니다. 하지만 사람을 높이고 낮추는 것은 그에게 있지 않고 오직 재판장이신 성령님께 있습니다.

"내가 오만한 자들에게 오만하게 행하지 말라 하며 악인들에게 뿔을 들지 말라 하였노니 너희 뿔을 높이 들지 말며 교만한 목으로 말하지 말지어다. 무릇 높이는 일이 동쪽에서나 서쪽에서 말미암지 아니하며 남쪽에서도 말미암지 아니하고 오직 재판장이신 하나님이 이를 낮추시고 저를 높이시느니라."(시 75:4~7)

성령님은 모든 사람의 중심을 살피시며 모든 의도를 아십니다. 사람들과 어울려 교만하거나 자만하지 않도록 항상 깨어 있어야 합니다. 사람들의 왕이 되는 것보다 주의 종의 자리에 있는 것이 억만 배나 크고 귀합니다.

다윗은 "너는 성전을 짓지 마라. 네 아들이 지을 것이다"라는 주의 음성을 들었을 때 성전에 들어가 앉았습니다. 그리고 "나는 주의 종입니다. 오직 주님만 예배합니다"라며 성전을 짓는 것보다 주의 종의 위치에서 순종하는 것을 더 크게 여겼습니다. 나도 그렇습니다.

내게는 많은 꿈과 소원이 있지만 그 모든 것을 한 번 기도하고 구한 다음 받았다고 믿고 성령님께 양도하고 오직 주의 종으로 살아갑니다. 사람들이 나에 대해 뭐라고 말하든지 상관하지 않습니다. 그들이 칭찬하든 비난하든 그 모든 일은 나와 상관없고 성령님과 상관있는 일입니다.

"그리스도 예수의 사람들은 육체와 함께 그 정욕과 탐심을 십자가에 못 박았느니라"(갈 5:24)고 했습니다.

나는 그리스도 예수의 사람이며 그 정욕과 욕심을 모두 십자가에 못 박았습니다. 내게는 성령님이 전부입니다.

사람을 높이고 낮추는 것은 모두 성령님이 하시는 일인데 교만한 사람은 자기가 하는 줄로 착각합니다. 항상 마음을 낮추고 주의 종의 자리를 지키십시오. 어떤 문제가 생기면 성령님께 묻고 그분의 음성에 귀를 기울이십시오.

그러면 그분이 성경 말씀을 떠올리며 깨닫게 하시고 또 세미한 음성으로 당신에게 어떤 것을 지시하실 것입니다. 그 음성을 듣고 순종하십시오. 그러면 기적이 일어나고 권능이 나타나고 문제가 해결됩니다. 꼭 기억하십시오.

당신이 주인이 아니라 성령님이 주인이십니다.

성령님은 크신 분이다

성령님은 크신 분입니다.

"보라, 그에게는 열방이 통의 한 방울 물과 같고 저울의 작은 티끌 같으며 섬들은 떠오르는 먼지 같으리니 레바논

은 땔감에도 부족하겠고 그 짐승들은 번제에도 부족할 것
이라. 그의 앞에는 모든 열방이 아무것도 아니라. 그는 그
들을 없는 것 같이, 빈 것 같이 여기시느니라."(사 40:15~17)

당신은 어떤 문제로 골머리를 앓고 있습니까?

성령님께는 그 모든 것이 아무것도 아닙니다. 돈 문제
로 고민합니까? 10억이든 100억이든 통의 한 방울 물과
같고 하루 만에 다 주십니다. 당신에게 일어난 모든 문제
는 저울의 작은 티끌 같습니다. 감당하기 힘든 큰 문제들
이 있다고요? 그 모든 것이 떠오르는 먼지 같습니다.

작은 문제가 아닌 크신 성령님을 바라보십시오.

크신 성령님께는 집과 전토, 부모와 형제, 마귀와 귀신
들, 돈과 권력, 나 자신과 나이, 정치와 행정, 상급과 상처,
옛 죄와 실수, 날씨와 감정, 은인과 그 은혜, 연보와 기부
금, 세금과 벌금, 대형집회와 대형교회, 학위와 학벌, 이별
과 죽음, 다른 복음과 다른 종교들, 백년과 천년, 인정과
칭찬, 꿈과 소원, 양떼와 목양, 육체와 그 모든 영광, 비판
과 판단, 결제와 생활비 등 모든 것이 저울의 작은 티끌 같
습니다. 또한 열방의 모든 왕과 백성들, 수백만 평의 땅과
수십만 명의 군중들, 수천억의 재정도 그분께는 통의 한
울 물과 같이 작습니다. 그분은 그 모든 것을 없는 것 같이

빈 것 같이 여기십니다. 그런 분이 당신 안에 계십니다.

어떤 문제든 크게 생각하면 아무것도 아닙니다.

성령님은 질투하시는 분이다

성령님은 질투하시는 분입니다.

"그런즉 너희가 하나님을 누구와 같다 하겠으며 무슨 형상을 그에게 비기겠느냐? 우상은 장인이 부어 만들었고 장색이 금으로 입혔고 또 은 사슬을 만든 것이니라. 궁핍한 자는 거제를 드릴 때에 썩지 아니하는 나무를 택하고 지혜로운 장인을 구하여 우상을 만들어 흔들리지 아니하도록 세우느니라. 너희가 알지 못하였느냐? 너희가 듣지 못하였느냐? 태초부터 너희에게 전하지 아니하였느냐? 땅의 기초가 창조될 때부터 너희가 깨닫지 못하였느냐? 그는 땅 위 궁창에 앉으시나니 땅에 사는 사람들은 메뚜기 같으니라. 그가 하늘을 차일 같이 펴셨으며 거주할 천막 같이 치셨고 귀인들을 폐하시며 세상의 사사들을 헛되게 하시나니 그들은 겨우 심기고 겨우 뿌려졌으며 그 줄기가 겨우 땅에 뿌리를 박자 곧 하나님이 입김을 부시니 그들은 말라 회오리바람에 불려 가는 초개 같도다. 거룩하신 이가 이르시되 '그런즉 너희가 나를 누구에게 비교하여 나를 그와 동등하게

하겠느냐?' 하시니라."(사 40:18~25)

성령님이 가장 싫어하시는 것은 우상 숭배입니다.

눈에 보이는 우상도 있지만 눈에 보이지 않는 우상도 있습니다. 그것이 무엇이든 '만물'입니다. 만물을 성령님보다 더 사랑하는 것은 큰 죄입니다. 작은 죄가 있고 큰 죄가 있는데 하나님이 보실 때 '큰 죄'는 곧 우상숭배입니다.

이스라엘 백성들이 금송아지를 만들어 숭배했을 때 모세는 그것을 두고 기도하기를 "슬픕니다. 이 백성이 금으로 신상을 만듦으로써 '큰 죄'를 지었습니다"(출 32:31)라고 했습니다. 꼭 금송아지가 아니라도 성령님보다 더 민감하게 반응하는 것은 모두 우상이 될 수 있습니다.

그러므로 '질투자 성령님' 앞에서 항상 깨어 있고 모든 말과 행동을 조심해야 합니다. 성령님은 당신을 그분의 애인으로 삼으셨습니다. 그리고 그분은 마음을 다하고 목숨을 다하고 뜻을 다하고 힘을 다해 당신을 사랑하십니다.

그분은 당신도 그렇게 그분을 사랑하기 원하십니다.

온 마음을 다해 성령님을 사랑하십시오. "나의 힘이 되신 여호와여, 내가 주를 사랑합니다"라고 고백하십시오.

성령님과의 사랑에 푹 빠져 살기 바랍니다.

성령님은 당신의 전부이십니다.

성령님은 새 힘을 주시는 분이다

성령님은 새 힘을 주시는 분입니다.

"너희는 눈을 높이 들어 누가 이 모든 것을 창조하였나 보라. 주께서는 수효대로 만상을 이끌어 내시고 그들의 모든 이름을 부르시나니 그의 권세가 크고 그의 능력이 강하므로 하나도 빠짐이 없느니라. 야곱아 어찌하여 네가 말하며 이스라엘아 네가 이르기를 내 길은 여호와께 숨겨졌으며 내 송사는 내 하나님에게서 벗어난다 하느냐? 너는 알지 못하였느냐? 듣지 못하였느냐? 영원하신 하나님 여호와, 땅 끝까지 창조하신 이는 피곤하지 않으시며 곤비하지 않으시며 명철이 한이 없으시며 피곤한 자에게는 능력을 주시며 무능한 자에게는 힘을 더하시나니 소년이라도 피곤하며 곤비하며 장정이라도 넘어지며 쓰러지되 오직 여호와를 앙망하는 자는 새 힘을 얻으리니 독수리가 날개 치며 올라감 같을 것이요 달음박질하여도 곤비하지 아니하겠고 걸어가도 피곤하지 아니하리로다."(사 40:26~31)

당신은 어떤 일로 자주 피곤해 합니까?

나도 예전에 피곤한 일을 많이 겪었고 좌절과 낙심도 많이 했습니다. 그런 과정을 거치면서 죽도록 성령님을 의지했습니다. 종일 "성령님, 성령님" 하고 불렀습니다.

당신도 종일 성령님을 부르십시오. 그러면 새 힘을 얻을 것입니다. 마음속으로도 부르고 입술로도 부르십시오. 중얼거리며 이렇게 말하십시오.

"성령님, 사랑하는 성령님."

나는 성령님과 함께 숨 쉬고 말하고 걷고 뛰고 모든 일을 했습니다. 어디를 갈 때 성령님을 내 앞에 모셨습니다.

"성령님, 함께 가시지요."

그리고 모든 일에 성령님께 도움을 구했습니다.

"성령님, 도와주세요."

그러자 성령님은 내가 알지 못하는 크고 비밀한 일을 많이 보여주셨고 상상치도 못할 새 힘과 지혜, 모략과 재능과 지식을 공급해 주셨습니다. 나는 이제 피곤하지 않고 곤비하지도 않습니다. 나는 성령님을 많이 사랑합니다.

내가 제일 좋아하는 말이 이것입니다.

"성령님, 많이 사랑합니다."

성령님은 누구실까요? 나의 전부이십니다.

성령님은 모든 것을 창조하신 분입니다. 그분이 별을

창조하셨습니다. 하늘에는 수억 개의 은하수가 있고 그 은하수 하나 안에 또 수억 개의 별이 있습니다. 그 모든 별을 창조하신 분이 성령님이십니다. 그분은 그 수효를 세어 불러내십니다. 그분은 능력이 많으시고 힘이 세셔서 하나하나 이름을 불러 나오게 하십니다. 하나도 빠짐이 없이 다 부르십니다. 그런 분에게 어찌 당신이 불평하고 불만을 토로합니까? 어찌하여 "주님께서는 나의 사정을 모르신다. 나의 정당한 권리를 지켜 주시지 않는다"고 말합니까?

성령님은 영원하신 하나님입니다. 그분은 땅 끝까지 창조하신 분입니다. 그분은 피곤을 느끼지 않으십니다. 그분은 지칠 줄도 모르십니다. 그분의 지혜는 무궁하십니다.

그분은 피곤한 사람에게 힘을 주시고 기운을 잃은 자에게 기력을 주십니다. 비록 젊은이들이 피곤하여 지치고 장정들이 맥없이 비틀거려도 주님은 그분을 바라보는 자에게 새 힘을 주십니다. "앙망한다"는 말은 '기도를 통해 의도적이고 지속적으로 그분을 바라보는 것'을 뜻합니다.

우리는 정시기도와 무시기도를 통해 지속적으로 성령님을 바라보아야 합니다. 무시기도는 눈뜰 때부터 잠잘 때까지 믿음의 눈으로 그분이 내 앞에 계신 것을 바라보며 사귀는 것을 말합니다. 이것은 매우 중요하며 모든 그리스도인이 가져야 하는 '하나님 임재 의식'입니다.

그리고 그것만으로 안 됩니다. 정시 기도를 통해서도 성령님을 바라보아야 합니다. 다니엘은 항상 성령님의 임재 가운데 생활하며 총리로 국사를 돌봤습니다. 하지만 그는 하루에 세 번 자신이 정한 기도 시간에 방에 들어가 무릎 꿇고 간절히 기도했습니다. 예수님도 그러셨습니다.

예수님은 늘 성령님의 임재 가운데 아버지와 교통하신 분이었지만 습관을 좇아 감람산에 가셔서 오래 기도하셨습니다. 그분은 한 번 기도하러 산에 가시면 다음 날이나 며칠 후에 다시 나타나 사역하곤 하셨습니다.

육신을 가진 예수님은 몇 시간, 반나절, 한나절, 종일, 온종일, 밤새며 오래 기도하셨습니다. 그로 인해 말씀을 전하고 병을 고치고 귀신을 쫓을 새 힘을 얻으셨습니다.

우리도 그렇게 오래 기도해야 합니다.

"그분은 하나님의 아들이잖아요? 하나님이신데."

그러나 당신과 똑같은 육신 곧 사람의 모양으로 나타나셨습니다. 그분은 자기를 다 비우고 오셨습니다. "그는 근본 하나님의 본체시나 하나님과 동등됨을 취할 것으로 여기지 아니하시고 오히려 자기를 비워 종의 형체를 가지사 사람들과 같이 되셨고 사람의 모양으로 나타나사 자기를 낮추시고 죽기까지 복종하셨다"(빌 2:6~8)고 했습니다.

그분은 말씀이 육신이 되어 우리 가운데 오신 분입니

다.(요 1:14) 그런 후에 육신을 가진 사람이 이 땅에서 어떻게 살아야 할지 본을 보이셨습니다. 기도를 통해 육신을 죽이고 성령의 인도를 받는 삶을 살아야 한다는 것입니다.

히브리서 5장 7절에는 "예수께서 육신으로 세상에 계실 때에 자기를 죽음에서 구원하실 수 있는 분께 큰 부르짖음과 많은 눈물로써 기도와 탄원을 올리셨다"고 했습니다. 그렇다면 우리도 그분처럼 오래 기도해야 합니다.

당신도 무시기도와 정시기도를 통해 성령님을 바라보십시오. 내가 그렇게 기도하자 성령님은 내 영혼으로 하여금 독수리가 날개 치며 솟아오르듯 올라가게 하시고 뛰어도 지치지 않고 걸어도 피곤하지 않게 하셨습니다.

지금 많은 주의 종들과 주의 백성들이 피곤해 합니다.

왜 그럴까요? 오래 기도하지 않기 때문입니다.

오래 기도하지 않는 사람들은 야곱처럼 불평하며 이스라엘처럼 불만을 토로합니다. "주님께서는 저의 사정을 모르십니다. 하나님께서는 저의 정당한 권리를 지켜 주시지 않습니다. 저는 너무 피곤하고 지쳤고 지혜도 없습니다."

그런 자들에게 주님께서는 기도하라고 말씀하십니다.

"나는 지혜가 무궁하다. 나는 피곤한 사람에게 힘을 준다. 기운을 잃은 사람에게 기력을 준다. 그러므로 나를 앙망하라. 나를 앙망하면 새 힘을 얻게 될 것이다."

이것은 소극적인 태도로 가만히 앉아 있는 것이 아닙니다. 부지런히 그분을 구하고 찾고 두드리는 것입니다.

나는 전에 주일 사역이 끝나면 피곤해서 어찌할 줄 몰랐습니다. 그래서 더 많은 음식을 먹고 피로를 풀기 위해 온천에 갔습니다. 하지만 피곤은 며칠간 풀리지 않고 지속되었습니다. 그러던 중 주님께서 말씀하셨습니다.

'너는 사역하기 전에 기도한다. 사역하는 중에도 기도한다. 그러나 사역하고 난 후에는 기도하지 않는다. 사역하고 난 후에도 기도하라. 그러면 새 힘을 얻을 것이다.'

그렇습니다. 나는 사역하기 전에 몇 시간 기도했지만 사역이 끝난 후에는 기도하지 않고 집에 가서 소파에 앉아 텔레비전을 보거나 침대에 들어가 잤습니다. 아니면 식당에 가서 맛있는 음식을 사 먹었습니다. 그런데 주님은 그렇게 하지 말고 또다시 기도하라고 하셨습니다.

그리고 성경을 보니 예수님이 사역을 끝낸 후에 기도하신 장면이 나왔습니다. "무리를 작별하신 후에 기도하러 산으로 가시니라."(막 6:46) 나는 깨달음을 얻었습니다.

'아, 무리를 작별한 후에 집에 가서 소파에 앉아 텔레비전을 보거나 침대에 누워 잠을 자면 안 되는구나. 기도하러 한적한 곳에 가서 한 시간 정도 기도해야 하는구나.'

"기도하러 산으로 갔다"는 말은 1분, 2분 기도하기 위해 산으로 갔다는 말이 아닙니다. 그 정도의 짧은 기도는 산으로 가지 않고 그 자리에 서서 잠깐 하면 됩니다. 이 말씀은 어느 정도 충분한 시간을 기도하겠다고 뜻을 정하고 갔다는 것입니다. 오래 기도하려면 뜻을 정해야 합니다.

텔레비전을 보지 말라, 잠을 자지 말라는 말이 아닙니다. 사역이 끝나면 기도부터 먼저 해야 한다는 것입니다.

그래서 나는 매번 사역이 끝나면 한 시간 정도 기도하기로 뜻을 정했고 그렇게 실천했습니다. 그런 후로부터는 피곤함과 곤비함이 안 생겼습니다. 아내가 말했습니다.

"당신은 이제 더 이상 피곤해 하지 않는 것 같아요? 그렇게 불 같이 사역하고도 피곤한 기색이 전혀 안 보여요."

맞습니다. 나는 사역을 끝낸 후에 한 시간 정도 기도하고부터는 1년 내내 피곤하지 않습니다. 당신은 주의 종입니까? 그렇다면 예수님이 하신 대로 하십시오.

"무리를 보내신 후에 기도하러 따로 산에 올라가시니라."(마14:23)

많은 주의 종들이 무리를 만나기 전에 기도합니다. 무

리 앞에서 사역하기 위해 기도합니다. 무리를 떠나보낸 후에 기도하지 않습니다. 그래서 문제가 생기는 것입니다.

당신도 예수님처럼 무리와 헤어진 후에 기도하러 따로 산에 올라가야 합니다. 산이란 '무리가 없는 곳'을 말합니다. 진짜 높은 곳은 큰 무리가 모인 예배당이나 화려한 조명이 비치는 무대 위가 아닙니다. 그보다 더 높은 곳 곧 '기도하는 자리'이며 거기가 '가장 존귀한 자리'입니다.

사무엘하 22장 34절에 "나의 발로 암사슴 발 같게 하시며 나를 나의 높은 곳에 세우시며"라고 했습니다.

시편 18편 33절에도 "나의 발을 암사슴 발 같게 하시며 나를 나의 높은 곳에 세우시며"라고 했습니다.

높은 곳에 누가 계십니까? "여호와 우리 하나님과 같은 이가 누구리요? 높은 곳에 앉으셨다"(시 113:5)고 했습니다. 그분이 높은 곳에 앉아 당신을 기다리십니다.

그분은 물리적으로 높은 곳 곧 '천국'에만 앉아 계신 것이 아니라 '기도하는 곳'을 높은 곳으로 정하시고 그곳에서 당신과 단둘이 친밀한 교제를 나누기 원하십니다.

그곳에서 기도할 때 하나님이 새 힘을 주십니다.

하나님은 나를 '높은 곳'에 두셨습니다. 그곳은 곧 '기도하는 자리'입니다. 기도할 때 만왕의 왕이신 하나님의 임재 가운데 머물게 됩니다. 나는 복음을 전하는 일 외에

는 분주하게 돌아다니지 않고 하나님의 전에서 '종일 기도
하기'를 즐깁니다. 지금도 성전에서 종일 기도하면서 이
책을 쓰고 있습니다. 왕이었던 다윗은 만왕의 왕이신 여호
와께 바라는 '한 가지 소원'을 말하며 구했습니다.

"내가 여호와께 바라는 한 가지 일 그것을 구하리니 곧
내가 내 평생에 여호와의 집에 살면서 여호와의 아름다움
을 바라보며 그의 성전에서 사모하는 그것이라."(시 27:4)

사역이 끝난 후에도 기도하며 성령님을 앙망하십시오.
그리고 입술을 열고 이렇게 고백하십시오.

"성령님, 많이 사랑합니다."

사람의 영광을 조금도 구하지 마라

당신은 주의 종으로서 절제하고 있습니까?

나는 '사역하면서' 몇 가지 부분에 있어 절제합니다.

사실 이것은 사역자만 아니라 모든 그리스도인이 절제하면서 경건에 이르는 연습을 해야 하는 것입니다. 그래야 사역이 끝났을 때 하나님께 잘했다고 칭찬 받습니다.

하나님은 그분의 자녀들에 대해서는 긍휼과 자비로 대하시지만 그분의 종들에 대해서는 공의와 정의로 대하십니다. 그래서 "착하고 충성된 종아"라는 칭찬과 "바깥 어두운데 내쫓으라"는 책망을 하신 것입니다. 이것은 구원에 대한 문제가 아닌 '사역에 대한 문제'입니다. 이 부분에 있어 깨달음을 얻고 지혜롭게 처신해야 합니다.

예수님을 좇는 것을 포기하지 말라

당신은 지금 어디에서 경기하고 있습니까?

나는 사역 현장에서 믿음의 경기를 하고 있는데 매일이 물 위를 걷는 것처럼 아슬아슬합니다. 하나님은 내게 믿음의 모험을 요구하시며 그로 인해 나는 매일 물 위에서 자고 깨고 눕고 일어섭니다. 물 위에서 기도하고 찬송하고 설교하고 상담하고 심방하고 걷고 뛰고 운전합니다.

이런 내게는 하나님의 은혜가 절대적으로 필요합니다.

"이미 많은 은혜를 받았잖아요? 뭐가 더 필요하세요?"

그렇습니다. 하지만 나는 더 많은 은혜를 사모합니다.

성경에는 그냥 '은혜'도 있지만 '큰 은혜'도 있습니다. 그냥 '능력'도 있지만 '큰 능력'도 있습니다. "더욱 큰 은혜를 주신다"고 했습니다. "그러나 더욱 큰 은혜를 주시나니 그러므로 일렀으되 하나님이 교만한 자를 물리치시고 겸손한 자에게 은혜를 주신다 하였느니라."(약 4:6) 또한 "더욱 큰 은사를 사모하라"(고전 12:31)고 했습니다.

주의 종에게는 '큰 능력'도 있지만 '작은 능력'도 있습니다. "네가 '작은 능력'을 가지고서도 내 말을 지키며 내 이름을 배반하지 아니하였다."(계 3:8) 하지만 작은 능력에서 안주하며 평생 만족하면 안 됩니다. 더욱 큰 능력과 더욱 큰 은사를 사모하고 구해야 합니다. 엘리사처럼 더 깊은 데로 나아가며 갑절의 영감을 구해야 합니다.

내게는 날마다 하나님의 은혜가 필요합니다. 하나님의 은혜가 없으면 평강도 없습니다. 바울이 "너희에게 은혜와 평강이 있을지어다"(빌 1:2)라고 한 말이 실감납니다.

나는 한순간도 하나님의 은혜가 없으면 그분이 내게 맡기신 일을 감당할 수 없습니다. 그래서 기도합니다. 감사하게도 내게 은혜가 있기 때문에 평강도 가득합니다.

바울은 경기에 나가서 상을 받고자 하는 자는 모든 일에 절제해야 한다고 했습니다. "운동장에서 달음질하는 자들이 다 달릴지라도 오직 상을 받는 사람은 한 사람인 줄을 너희가 알지 못하느냐? 너희도 상을 받도록 이와 같이 달음질하라. 이기기를 다투는 자마다 모든 일에 절제하나니 그들은 썩을 승리자의 관을 얻고자 하되 우리는 썩지 아니할 것을 얻고자 하노라."(고전 9:24~25)

경기장에서 달리기하는 사람들이 모두 달립니다. 그 중에 많은 사역자들이 엉뚱한 곳으로 미끄러집니다. 마귀와 육신의 유혹에 속아 하나님이 시키지 않은 다른 일을 하는 것입니다. 선배 목회자들이 안타까운 심정으로 말합니다.

"요즘 신학생들과 목회자들이 도통 기도를 안 해요. '헌신'이란 말도 헌신짝처럼 버린 것 같아요. 어떻게든 좀 더 잘 먹고 잘 살겠다고 직업 현장에 나가 종일 땀 흘리며 남이 시킨 일을 하고 있어요. 예전에는 시골 교회와 개척 교회 목사님들이 먹고 살 길이 막막해도 종일 금식하며 기도하곤 했는데 이제는 교회 밖에서 세상 사람들이 시킨 일을 한다고 시간을 다 보내고 있어요. 어쩔 수 없나 봐요."

이것은 이상한 일이 아니며 지금 일어난 일도 아닙니다. 아담과 하와 때부터 지금까지 계속 그랬습니다.

가인과 아벨 세대에 가인이 육체의 제사를 지냈고, 아브라함과 롯 세대에 롯이 소돔과 고모라로 떠났고, 모세와 아론 세대에 아론이 금송아지 우상을 만들었고, 야곱과 에서 세대에 에서가 음식 때문에 장자권을 팔았습니다.

바울은 디모데에게 말했습니다. "데마는 이 세상을 사랑해서 나를 버리고 데살로니가로 갔다."(딤후 4:10)

여기서 바울은 "데마가 주님을 버렸다"고 하지 않고 "나를 버렸다"고 했습니다. 사역지를 떠난 것입니다. 주님을 버린 것은 구원의 문제이지만 바울을 버린 것은 사역의 문제입니다. 사람들은 '주님'이 아닌 '주의 종'을 버립니다. 주의 종을 버렸다고 구원을 잃는 것은 아닙니다.

다들 세상이 너무 타락하고 교회는 힘을 잃었다고 말합니다. 하지만 이것 또한 어제 오늘의 일이 아닌 창세 이후로 지금까지 동일하게 나타났던 육신의 현상입니다.

소돔과 고모라 때 있었던 음란이 고린도 교회에 있었고 광야 교회에서 있었던 고라와 다단의 반역이 지금도 교회 안에 있습니다. 팥죽 한 그릇에 장자권을 팔았던 에서의 미련함이 지금도 많은 목회자와 성도들에게 있습니다.

온갖 육신의 생각을 따라 예수님을 좇는 것을 포기하는데 이 또한 지금 있는 일이 아닙니다. 전부터 있었습니다.

예수님이 오병이어 기적을 행하셨을 때는 수만 명이 발에 밟힐 만큼 모여들었지만 그분이 "내가 하늘에서 내려온 생명의 떡이다. 내 살과 피를 먹어야 산다"고 하셨을 때는 다들 크게 놀라며 떠나갔습니다. 성경을 보십시오.

"그 때부터 그의 제자 중에서 많은 사람이 떠나가고 다시 그와 함께 다니지 아니하더라."(요 6:66)

예수님은 열두 제자들에게 말씀하셨습니다.

"너희도 가려느냐?"(요 6:67)

지금도 예수님의 제자 중에서 많은 사람이 떠나가고 다시는 그분과 함께 다니지 않습니다. 그렇지 않습니까?

그렇다고 모든 사람이 그런 것은 아닙니다. 더 가까이,

더 깊이, 더 바싹 예수님께 다가간 사람도 있습니다. "시몬 베드로가 대답하되 주여 영생의 말씀이 주께 있사오니 우리가 누구에게로 가오리이까? 우리가 주는 하나님의 거룩하신 자이신 줄 믿고 알았사옵나이다."(요 6:68~69)

당신도 더 가까이 가기 바랍니다.

잃은 것을 보상하시는 하나님

기도에 헌신한 신학생을 본 적이 있습니까?

요즘 신학생들의 영적인 상태를 보면 탄식이 나온다고 합니다. 여기서도 절망, 저기서도 절망, 온통 절망뿐입니다. 절대 절망의 세대를 보면서 사람들은 내게 묻습니다.

"김열방 목사님, 절망입니다. 주의 종의 길을 걷다가 떠난 사람은 안 돌아오겠죠? 그들에게 희망이 있을까요?"

나는 희망이 있다고 말합니다. 그동안 많은 사람이 내 곁에 왔다가 떠났습니다. 나는 이렇게 생각했습니다.

'그들은 나를 완전히 떠났어. 그들이 쫄딱 망하면 내게 다시 올까? 큰 환난과 시련을 당하면 회개하고 돌아올까? 아니면 반대로 그들이 크게 성공하면 내게 다시 올까? 큰 축복과 은혜를 받으면 회개하고 돌아올까?"

주님은 '그렇게 생각하지 마라. 그들은 내가 지시하면 돌아온다'고 하셨습니다. 그래서 나는 '절대 부정의 믿음'을 '절대 긍정의 믿음'으로 바꾸었고 〈절대 긍정의 믿음〉이란 책을 써냈습니다. 이 책을 꼭 읽어보기 바랍니다.

나는 절대 긍정의 믿음으로 모든 사람에 대해 희망을 가지기로 했습니다. 그렇다고 하나님께서 그분의 주권으로 내 곁을 떠나게 하신 사람들까지 다 내게로 돌아와야 한다는 말은 아닙니다. 탕자와 같이 회개한 사람만 돌아오면 됩니다. 아버지는 큰 아들에게 말했습니다.

"네 동생이 건강한 몸으로 돌아왔다."(눅 15:27)

하나님은 모든 사람이 건강하기 원하십니다.

당신도 건강한 몸으로 사역하기 바랍니다. 그리고 당신 곁을 떠난 사람들이 건강한 몸으로 돌아오기를 바라고 당신도 건강한 몸으로 사역하다가 천국에 가기 바랍니다.

우리 모두 건강한 몸으로 주님께 헌신합시다.

하나님은 '대체하시는 분'입니다. 잃은 사람에 대해 너무 속상해 하거나 힘들어하지 마십시오. 하나님은 더 좋은 사람을 보내 주실 것입니다. 열두 제자가 그렇습니다.

그들은 가룟 유다를 잃었지만 더 좋은 사람 맛디아를 얻게 되었습니다. 하나님은 '보상하시는 분'입니다. 그것이 무엇이든 당신에게 비어 있는 것은 다시 채우십니다.

"나의 하나님이 그리스도 예수 안에서 영광 가운데 그 풍성한 대로 너희 모든 쓸 것을 채우시리라."(빌 4:19)

주의 종은 금식하며 기도해야 한다

당신은 자신의 몸을 쳐서 복종시킵니까?
나는 두 가지 면에서 내 몸을 쳐서 복종시킵니다.

첫째, 음식 앞에서 내 몸을 쳐서 복종시킵니다.
둘째, 기도하기 위해 내 몸을 쳐서 복종시킵니다.

요즘도 사람들이 음식 때문에 교회 안에서 다툽니다.
많은 목회자와 성도들이 음식 앞에서 맥을 못 추고 혈기를 부립니다. "먹는 개는 건드리지 마라"는 말이 개에게만 해당되는 것은 아닙니다. 사람도 그렇습니다. "먹는 것에 대해서는 말하지 마. 내가 다 알아서 먹을 테니까."
장로 목사 구별 없이 먹는 것 앞에서 혈기와 고집과 배짱을 부립니다. 음식 때문에 일찍 잠자는 자들이 많습니다. 고린도 교회도 먹고 마시는 문제 때문에 그랬습니다.
바울은 말했습니다. "그러므로 너희 중에 약한 자와 병

든 자가 많고 잠자는 자도 적지 않다.”(고전 11:30)

입에 들어간다고 다 먹는 것과 마시는 것이 아닙니다.

모든 음식을 지혜롭게 구별해서 먹어야 합니다. 지혜는 ‘구별하다’는 뜻이 있는데, 좋고 나쁨을 구별해야 합니다.

음식을 절제하는 것도 몸을 쳐서 복종시켜야 가능하며 깨어 기도하는 것도 몸을 쳐서 복종시켜야 가능합니다.

예수님은 “육신의 모양으로 와서”(롬 8:3) 날마다 자신의 몸을 쳐서 복종시켰고 때로는 무릎을 꿇고 아버지께 간절히 기도하셨습니다. 바울도 자신을 쳐서 복종시킨다고 했습니다. “내가 내 몸을 쳐 복종하게 함은 내가 남에게 전파한 후에 자신이 도리어 버림을 당할까 두려워함이로다.”(고전 9:27) 이것은 ‘구원’이 아닌 ‘사역’입니다.

복음전도자로 남에게 복음을 전파한 후에 그 복음을 전파하는 자의 위치에서 버림받을 수 있다는 말입니다.

그러므로 우리는 자신의 몸을 쳐서 복종시켜야 합니다.

육신의 생각도 복종시켜야 합니다. 육신의 생각은 혈통과 육정과 사람의 뜻, 그리고 부정적인 생각들입니다.

부정적인 생각이 무엇일까요? 영의 생각 곧 하나님의 뜻에 반대되는 모든 육신의 생각을 말합니다. 바울은 “육신의 생각은 사망이다. 육신의 생각은 하나님을 기쁘시게 할 수 없다. 육신의 생각은 하나님과 원수가 된다. 육신의 생각은 하나님의 법에 굴복하지 않을 뿐 아니라 할 수도 없다"(롬 8:6~8)고 했습니다. 그러므로 육신의 생각을 하는 부정적인 사람을 멀리 해야 합니다. 그들은 말합니다.

"착한 일을 많이 해야 구원을 받지 예수를 믿는다고 구원 받나? 밤낮 뛰어다녀도 모자란 판에 엎드려 기도한다고 문제가 해결되나? 먹고 마시는 자리에서 자꾸 영적인 이야기를 하네. 몸이 병들었는데 예수 이름으로 안수한다고 낫나? 하나님 앞에 내세울 선행이 많이 있어야 기도 응답을 받지 빈손으로 은혜와 기적을 구하면 되나?"

그렇지 않습니다. 나는 그런 생각을 다 버렸습니다.

나는 착한 일을 많이 해서 구원 얻을 수 없다는 것을 압니다. 그래서 오직 나를 위해 피 흘리고 살 찢으신 하나님의 아들 예수 그리스도를 믿음으로 구원을 얻었습니다.

나는 밤낮 뛰어다니지 않고 밤낮 기도합니다. 기도하면 문제가 다 해결됩니다. 그리고 먹고 마시는 자리에서도 영적인 이야기를 합니다. 사람이 떡으로만 살 수 없고 하나님의 입에서 나오는 모든 말씀으로 살기 때문입니다.

나는 병들었을 때 예수 이름으로 명령합니다. 그러면 병이 낫습니다. 귀신도 쫓겨 나갑니다. 건강해집니다.

마귀와 육신의 사람들은 비꼬듯 이렇게 말합니다.

"왜 자꾸 예수의 피 이야기를 하는 거야?"

나는 예수님의 보혈 외에 내세울 것이 없습니다.

나는 거지처럼 마음이 가난한 자가 되어 날마다 은혜를 구하며 예수님의 보혈을 의지해서 하나님께 나아갑니다.

내 생각과 말, 설교와 가르침에 '예수님의 보혈'을 빼면 내 인생도 없습니다. 내 영혼에서 피가 다 빠져나간 것처럼 나는 죽은 자가 됩니다. 예수의 피에 생명이 있습니다.

나는 예수님의 보혈이 없으면 숨도 제대로 못 쉽니다.

나는 내 모든 생각과 말, 삶과 사역에 예수님의 피가 늘 흐르기를 소망합니다. 실제로 그렇게 흐르고 있습니다.

성령님은 육신의 냄새 곧 '인간의 피와 땀과 눈물 냄새'를 싫어하시며 영의 냄새 곧 '예수의 피와 땀과 눈물 냄새'를 좋아하십니다. 그러므로 교회 안에서는 인간의 피와 땀과 눈물 냄새를 풍기지 않도록 조심해야 합니다. 그걸 하나님 앞에서 자기 의로 내세우지 말라는 것입니다. 모든 사람은 예수님의 보혈 곧 하나님의 은혜로 살아야 합니다.

목사님과 선교사님 중에도 예수님의 보혈에 대해 부정적인 말을 하는 사람이 있습니다. 그들은 말합니다.

"나는 비천한 인생이야. 한 게 없어. 그러니 천국에 가면 주님을 뵐 면목이 없어. 개척 교회라도 하나 세우고 선교지에 작은 건물이라도 하나 지어야지 빈손으로 어떻게 천국에 가서 예수님의 얼굴을 뵙나? 아마 나는 개털 모자에 움막집에 살게 될 거야. 지금도 비참하지만 천국에 가서도 변두리에서 웅크리고 앉아 영원히 비참하게 살 거야. 더 많은 땀과 피와 눈물을 흘려 큰 업적을 이뤄야 하는데.”

그러면서 예배 시간에 찬송은 이렇게 부릅니다.

“빈손 들고 앞에 가 십자가를 붙드네. 의가 없는 자라도 도와주심 바라고 생명 샘에 나가니 나를 씻어 주소서.”

성경은 그런 자를 ‘입술이 궤사한 자’라고 말합니다.

그는 입술이 구부러지고 복음의 말씀을 자신의 의로 꾸미는 거짓 겸손한 자입니다. 그런 자를 멀리 해야 합니다.

성경은 “사람이 율법의 행위로는 의롭다 함을 얻을 육체가 없으므로 하나님이 한 의를 예비하셨으니 곧 예수 그리스도를 믿음으로 말미암는 의다”라고 했습니다.

이것이 곧 하나님의 의입니다. 하나님의 의는 사람의 의보다 조금 큰 것이 아니라 억만 배나 큽니다. 사람의 의는 다 더러운 옷과 걸레와 같아서 밖에 버려집니다.

전 세계 82억 인구 중에 자기 의로 천국에 들어갈 자는 단 한 명도 없습니다. 82억 모두 예수 그리스도를 믿는 믿음 곧 하나님의 의로 천국에 들어갑니다. 오직 은혜입니다. 내 의로 천국에 들어가거나 주님의 얼굴을 뵙는 것이 결코 아닙니다. 예수님의 보혈의 잔을 들고 천국에 들어갑니다. 내 대신 예수님이 창에 허리 상하셨고 물과 피를 흘리셨습니다. 그것이 내게 효험 되어서 정결하게 했습니다.

바울은 "내가 다른 모든 사도보다 더 많이 일했지만 내가 아니요 하나님의 은혜로다"라고 했습니다. 쉼이 없이 힘쓰고 눈물 근심 많지만 그것으로도 구속 받지 못합니다.

예수님이 홀로 모든 죄와 저주를 속하셨습니다. 자기 의를 내세우려는 모든 육신의 생각을 멀리 해야 합니다.

왜 그런 생각을 합니까? 어릴 때부터 그런 말을 들었기 때문입니다. 육신의 생각이 담긴 말과 책, 설교를 멀리하십시오. 그런 생각을 하면 하나님과 원수가 됩니다.

부정적인 사람을 멀리 두라

당신은 부정적인 사람을 어떻게 대합니까?

나는 그런 사람을 가까이 두지 않고 멀리 둡니다.

예수님은 자신의 말을 비웃는 부정적인 사람을 멀리하셨습니다. 하루는 회당장 중에 야이로라 하는 사람이 찾아와서 예수님을 뵙고 그 발아래에 엎드려 간청했습니다.

"예수님, 내 어린 딸이 죽게 되었습니다. 오셔서 그 아이에게 손을 얹어 고쳐 주시고 살려주세요."

그래서 예수님은 그와 함께 가셨습니다. 큰 무리가 뒤

따라오며 예수님을 밀어댔습니다. 그때 회당장의 집에서 사람들이 와서 회당장에게 절망적인 말을 했습니다.

"회당장님, 당신의 딸이 죽었습니다. 이제 선생님을 더 괴롭게 하셔서 무엇하겠습니까? 그만 하십시오."

예수님께서 이 말을 곁에서 들으시고 회당장에게 말씀하셨습니다. "두려워하지 말고 믿기만 하라."(눅 8:50)

그리고 베드로와 야고보와 야고보의 동생 요한밖에는 아무도 따라오는 것을 허락하지 않으셨습니다. 열두 제자와 다른 수많은 제자들이 예수님을 따랐는데, 예수님은 그들을 구별하셨습니다. 당신도 사람을 차별하지는 말되 구별해야 합니다. 그리스도 안에서 모든 사람은 동등하며 하나님의 자녀로서 모든 사람은 존귀합니다. 하지만 사역에 있어서는 다릅니다. 예수님은 사역하실 때 철저하게 사람들을 구별하셨습니다. 세 명, 열두 명, 칠십 인의 제자 등으로 구별해서 그에 맞게 지혜롭게 대하셨습니다.

그들이 회당장의 집에 이르렀습니다. 예수님께서 사람들이 울며 통곡하며 떠드는 것을 보시고 들어가셔서 그들에게 말씀하셨습니다. "어찌하여 떠들며 울고 있느냐? 그 아이는 죽은 것이 아니라 자고 있다."

그렇게 울며 통곡하며 떠들던 이들이 예수님의 말씀을 듣고 어떻게 반응했습니까? 예수를 비웃었습니다.

예수님께서는 그들을 다 내보내셨습니다. 사역하기 전에 사람들을 구별하여 통제하신 것입니다. 당신도 하나님의 일을 할 때 이런 처세술을 사용해야 합니다. 이것은 곧 '성령님의 처세술'입니다. 예수님은 그 후에 아이의 부모와 일행을 데리고 아이가 있는 곳으로 들어가셨습니다.

그리고 아이의 손을 잡고 말씀하셨습니다.

"소녀야, 내가 네게 말한다. 일어나라."

그러자 소녀는 곧 일어나서 걸어 다녔습니다.

그 아이의 나이는 열두 살이었습니다. 사람들이 크게 놀랐습니다. 예수님은 이 일을 아무에게도 알리지 말라고 그들에게 엄하게 명하셨습니다. 그리고 소녀에게 먹을 것을 주라고 지시하셨습니다. 당신도 주의 종의 위치에서 기름 부으심을 따라 치유와 축사, 표적과 기사 등 큰 권능의 사역을 할 때 주위 사람들을 통치하고 통제해야 합니다.

세상 권력자들처럼 자기를 나타내기 위해 무리를 강압적으로 다스리라는 것이 아니라 주의 종으로서 맡겨진 일을 잘하기 위해 '성령님의 권위'로 현장과 상황을 지혜롭게 통제해야 한다는 말입니다. 당신을 비웃는 사람들을 멀리하십시오. 그들과 함께 있으면서 그들의 목소리에 귀를 기울이면 성령님의 기름 부으심이 나타나지 않습니다.

오직 성령님의 목소리에만 민감해야 합니다.

천사가 아닌 성령님께 민감한 종이 되라

당신은 성령님께 어느 정도로 민감합니까?

나는 성령님께 민감하기 위해 항상 깨어 있습니다.

베드로도 '성령님께 민감한 주의 종'이었습니다. 그가 지붕에서 기도할 때 어떤 일이 있었습니까? 보자기 환상이 보였고 그때 성령님께서 말씀하셨습니다.

"보라, 세 사람이 너를 찾고 있다. 일어나서 내려가라. 그들은 내가 보낸 사람이다. 의심하지 말고 함께 가라."

고넬료가 보내온 사람들은 이상한 말을 했습니다.

"저희는 고넬료라는 백부장이 보내 왔습니다. 그는 의로운 사람이요 하나님을 두려워하는 사람입니다. 그는 온 유대 백성에게 존경받고 있습니다. 그가 당신을 모시고 말씀을 들으라는 천사의 지시를 받았습니다."

이 말은 인간의 선한 모든 행위가 다 담겨 있는 내용이었습니다. "백부장, 의로운 사람, 하나님을 두려워하는 사람, 온 유대 백성에게 존경 받는 사람, 천사의 지시를 받은 사람." 사실 이 모든 것은 육신의 생각이었습니다.

베드로는 그런 말을 들은 후에 무슨 뜻인지 모르고 일단 함께 갔습니다. 고넬료는 자기 친척들과 가까운 친구들을 불러 놓고 베드로를 기다리고 있었습니다. 베드로가 들어오니 마중 나와서 그의 발 앞에 엎드려 절했습니다.

이 얼마나 겸손한 사람입니까? 그러자 베드로가 놀라며 그를 일으켜 세우며 이렇게 말했습니다.

"일어나십시오. 나도 역시 당신과 같은 사람입니다."

베드로는 집안에 많은 사람들이 모여 있는 것을 보고 입을 열어 말씀을 전하기 시작했습니다. 먼저 자신을 왜 불렀는지 물었습니다. 고넬료가 대답했습니다.

"내가 집에서 기도하는데 갑자기 눈부신 옷을 입은 천사가 나타났습니다. 그가 말하길 하나님이 내 기도를 들으시고 내 구제를 기억하신다고 하셨습니다. 그리고 당신을 초대하라고 했습니다. 그래서 당신을 부른 것입니다."

베드로가 나름대로 자신의 깨달음을 말했습니다.

"나는 참으로 하나님이 사람을 외모로 가리지 않고 하나님을 두려워하며 의를 행하는 사람은 그가 어떤 민족에 속했든 다 받아 주신다는 것을 깨달았습니다."

그러나 곧 성령님의 인도를 받아 '사람의 의'인 자신의 행위에서 '하나님의 의'인 예수 그리스도를 믿는 믿음으로 설교 내용으로 바뀌기 시작했습니다. 그는 말했습니다.

"예수님이 십자가에 못 박혀 죽으셨습니다. 그를 믿는 사람은 누구든지 그의 이름으로 죄 사함을 받습니다."

"이 말할 때에." 이 문구가 중요합니다. 이 말할 때에 그 말을 듣는 모든 사람에게 성령이 내리셨습니다. "베드로가 '이 말을 할 때에' 성령이 말씀 듣는 모든 사람에게 내려오시니, 베드로와 함께 온 할례 받은 신자들이 이방인들에게도 성령 부어 주심으로 말미암아 놀라니 이는 방언을 말하며 하나님 높임을 들음이러라."(행 10:44~46)

모든 사람이 이방인에게도 성령을 선물로 부어 주신 사실에 크게 놀랐습니다. 이 사건을 보면 육신의 생각과 영의 생각은 분명히 다름을 알 수 있습니다. 우리는 육신의 생각을 멀리하고 영의 생각을 해야 합니다. 영의 생각과 말을 할 때 성령님의 임재하심과 기름 부으심이 나타납니다. 영의 생각은 무엇일까요? 예수님이 십자가에서 다 이루었다는 복음입니다. 은혜의 복음을 생각하고 말할 때 성령님의 임재하심과 기름 부으심이 나타납니다.

당신은 지금 어떤 생각과 말을 하고 있나요? 어떤 내용을 전파하고 가르치나요? 오직 '은혜의 복음'을 전파하고 가르치기 바랍니다. 이것이 기름 부으심의 비결입니다.

"두 사도가 오래 있어 주를 힘입어 담대히 말하니 주께서 그들의 손으로 표적과 기사를 행하게 하여 주사 자기 은혜의 말씀을 증언하시니……."(행 14:3)

주님이 사람들의 손을 통해 표적과 기사를 나타내시는 목적은 '자기 은혜의 말씀을 증언하기 위함'입니다.

사람의 말이 아닌 성령의 음성을 들으라

또 하나의 사건을 살펴볼까요?

욥바에 다비다라 하는 여제자가 있었습니다.

그녀는 '선행과 구제하는 일'이 심히 많았습니다. 그런데 병들어 죽었고 시체를 씻어 다락에 누였습니다.

제자들이 베드로에게 간청하여 오라고 했습니다. 베드로가 도착하자 그들이 데리고 다락방에 올라갔습니다.

모든 과부가 베드로 곁에 서서 울며 다비다가 그들과 함께 있을 때에 지은 속옷과 겉옷을 다 내보였습니다.

그들이 강조한 것은 다비다의 '선행과 구제'였고 "이걸 보시고 뭔가 할 수 있다면 제발 좀 도와 주세요"라는 식의 간청을 했던 것입니다. 그것은 육신의 생각이었습니다.

이때 베드로는 사람들을 다 내보내고 무릎을 꿇고 기도했습니다. 전적인 하나님의 긍휼과 자비를 구했습니다.

그는 '사람들의 큰 목소리'를 듣지 않고 '성령님의 세미한 목소리'에 귀를 기울였던 것입니다. 그 후에 큰 감동을 받은 베드로는 돌이켜 시체를 향하여 말했습니다.

"다비다야, 일어나라."(행 9:40)

그러자 그가 눈을 떠 베드로를 보고 앉았습니다.

베드로가 손을 내밀어 일으키고 성도들과 과부들을 불

러 들여 그가 살아난 것을 보였습니다. 이 일을 온 욥바 사람이 알고 많은 사람이 주를 믿었습니다. 그렇습니다.

이 일은 다비다의 구제와 선행에 대한 응답이 아닌 하나님이 그녀를 불쌍히 여기신 것이었고 더 나아가 이 일로 인해 많은 사람들이 주님을 믿게 하기 위한 기적이었던 것입니다. 이 일에서도 베드로가 주의 종으로서 오로지 기도하는 일과 말씀 사역에 힘쓴 모습을 보게 됩니다.

주의 종들은 육신의 생각을 가진 사람들의 목소리를 크게 여기며 거기에서 뭔가 해답을 얻으려고 하면 안 됩니다. 오직 영의 생각만 해야 하며 성령님의 목소리를 크게 여기며 거기에서 주님의 손길을 기대해야 합니다. 이것은 내 힘으로 안 됩니다. 그러므로 성령님께 도움을 구해야 합니다. 나는 매일 아침에 중얼거리며 말씀드립니다.

"사랑하는 성령님, 부정적인 것은 보지도 듣지도 말하지도 옮기지도 않게 해주세요. 오늘도 영의 생각만 하게 해주시고 육신의 생각은 하나도 떠오르지 않게 해주세요."

당신도 날마다 순간마다 성령님께 도움을 구하기 바랍니다. 그러면 죽은 자가 살아나는 기적이 일어납니다.

당신과 함께 계신 성령님은 전능하신 분입니다.

당신이 죽었다고 생각하는 것을 살리십니다.

부정적인 것은 보지도 듣지도 말라

당신은 부정적인 것을 보지 않습니까?

나는 텔레비전 뉴스나 드라마, 영화와 소설, 다양한 책과 만화, 신문 잡지 등에서 부정적인 것은 보지 않습니다.

그런 것이 나오면 채널을 돌리고 텔레비전을 끕니다.

세상 뉴스는 부정적인 것을 끊임없이 내보냅니다.

뉴스를 보십시오. 대부분이 부정적인 내용입니다.

"검찰과 대통령의 갈등, 의대 출신들이 문제다, 빌 게이츠의 전처 사건, 성추문을 돈으로 입 막다, 미친 물가 상승, 뿔난 사람 1인 시위, 아들이 엄마 쫓아낸 회사 등."

이런 뉴스들은 100년 전에도 있었고 수천 년 전에도 있었습니다. 구약 성경을 보면 다 나오는 옛날 뉴스들입니다. 어두운 세상에서 기쁜 소식은 오직 복음뿐입니다.

구약은 오실 그리스도에 대한 희망의 메시지를 담고 있습니다. 나는 세상 뉴스 앱을 수시로 열어 보지 않습니다.

"이단 교주가 여대생 신도를 성추행했다는 뉴스가 종일 떠들썩해요. 교만한 장로가 혈기 부리며 설교 시간에 목사님 멱살을 잡았대요. 이런 소식을 알고 계시나요?"

그런 뉴스도 이미 성경에 다 나옵니다.

"또 자기 지위를 지키지 아니하고 자기 처소를 떠난 천사들을 큰 날의 심판까지 영원한 결박으로 흑암에 가두셨으며, 소돔과 고모라와 그 이웃 도시들도 그들과 같은 행동으로 음란하여 다른 육체를 따라 가다가 영원한 불의 형벌을 받음으로 거울이 되었느니라. 그러한데 꿈꾸는 이 사람들도 그와 같이 육체를 더럽히며 권위를 업신여기며 영광을 비방하는도다."(유 1:6~8)

가장 기쁜 소식은 무엇입니까? 신약성경에 나옵니다.

예수 그리스도가 왔다는 것입니다. 또 기쁜 소식은 "성령이 오셨네"입니다. 예수의 영이신 성령님은 지금 내 안에 살아 계십니다. 그러므로 나는 그분과 함께 골방에 엎드려 기도합니다. 가장 최신 정보는 성령님의 음성입니다.

당신도 골방에 엎드려 기도하기 바랍니다.

"주여, 말씀하소서. 종이 듣겠나이다."

술 취한 듯이 몰압해서 기도하라

당신은 기도에 푹 빠진 적이 있습니까?

기도에 푹 빠지면 '하나님의 목소리'가 들려옵니다.

그것이 최신 정보이고 뉴스입니다. 그분의 음성을 사모

하기 바랍니다. 우주 만물을 창조하신 분 곧 성령님의 음성 한 마디면 아무리 큰 문제도 하루 만에 해결됩니다.

사무엘 시대에도 부정적인 뉴스와 긍정적인 뉴스가 있었습니다. 사무엘은 한나가 술 취한 듯이 기도해서 응답받은 '기도의 아들'이었습니다. 사무엘은 어릴 때부터 평생 기도했고 "나는 너희를 위해 기도 쉬는 죄를 결단코 짓지 않겠다"고 결심한 사람이었습니다. 하지만 그가 섬겼던 엘리 제사장은 사사가 된 이후로 40년 동안 기도하지 않았고 다른 사람이 기도하는 것을 구경만 했습니다.

그의 영감이 바닥을 쳤습니다. 한나가 간절히 기도하는 모습을 보고 짜증내며 "네가 언제까지 취하여 있겠느냐? 포도주를 끊으라"(삼상 1:14)고 말할 정도였습니다.

한나는 기도하고 또 기도했습니다. 간절히 기도하고 애통하며 기도했습니다. 미친 듯이 기도했고 술 취한 듯이 기도했고 오래 기도했고 서원하며 기도했습니다.

"한나가 마음이 괴로워서 여호와께 기도하고 통곡하며 서원하여 이르되……."(삼상 1:10~11)

그로 하여금 그렇게 기도하게 한 원인이 하나 있는데 그의 적수인 브닌나가 그를 격분케 했기 때문입니다.

"그의 적수인 브닌나가 그를 심히 격분하게 하여 괴롭게 하더라. 매년 한나가 여호와의 집에 올라갈 때마다 남편이 그같이 하매 브닌나가 그를 격분시키므로 그가 울고 먹지 아니하니라."(삼상 1:6~7)

당신에게도 혹시 그런 적수가 있지 않습니까?

내게는 그런 적수가 있었습니다. 나를 심히 격분하게 하며 괴롭게 하는 한 사람이 있었는데 그를 볼 때마다 내 마음이 말할 수 없이 괴로웠습니다. 하지만 나는 낙심하며 뒤로 물러가지 않고 기도 시간을 배로 늘렸습니다. 몇 년 후에 그 적수는 아침 안개처럼 사라졌고 흔적도 찾을 수 없게 되었습니다. 나는 그 과정을 통해 강해졌습니다. 성경은 당신을 괴롭히는 악인에 대해 이렇게 말씀합니다.

"악인이 이긴다는 자랑도 잠시요 경건하지 못한 자의 즐거움도 잠깐이니라. 그 존귀함이 하늘에 닿고 그 머리가 구름에 미칠지라도 자기의 똥처럼 영원히 망할 것이라. 그를 본 자가 이르기를 '그가 어디 있느냐?' 하리라. 그는 꿈 같이 지나가니 다시 찾을 수 없을 것이요 밤에 보이는 환상처럼 사라지리라."(욥 20:5~8)

그 당시 나는 이런 설교를 했습니다.

"사람마다 적수가 있다. 내가 잘못했기 때문에 그 적수가 생긴 것이 아니다. 하나님이 적수를 허락하신 것이다. 하나님이 적수를 통해 하시고자 하는 일이 있다. 적수 때문에 원망하지 말고 감사하라. 적수를 통해 복을 주신다. 적수가 무슨 짓을 하든지 하나님이 기름 부으신 종에게 하는 것은 곧 하나님께 하는 것이며, 우리는 그 모든 시련의 과정을 통해 변함없이 하나님을 경외하고 섬겨야 한다. 성경에 나오는 모든 주의 종과 그리스도인에게는 적수가 있었다. 다윗도 적수가 많았다. 골리앗과 사울 왕 등이 모두 그의 적수였고 그 적수를 통해 다윗은 더욱 기도하며 하나님을 의지하게 되었다. 그 결과 하나님의 영광이 그의 삶과 사역에 크게 나타났다. 예수님께도 헤롯왕이라는 적수가 있었다. 그는 예수님이 태어나자마자 죽이려고 했다. 예수님은 사역하는 내내 바리새인과 서기관들과 율법사들의 공격을 받았다. 요셉도 그의 적수인 형들이 있었고 모세도 고라와 다단이 대적했다. 이사야, 예레미야, 욥 등 성경에 나오는 사람 중에 적수가 없는 사람이 누가 있었는가? 다윗은 목동일 때부터 행복하다고 노래했다. 그러자 그런 모습을 본 형들이 그를 교만하다고 꾸짖었다. 그리스도인이 행복하다고 하면 적수가 많이 생긴다. 적수는 배후에 악한 영들이 역사하는 것이다. 그러므로 사람을 미워하면 안 된다. 예수 이름으로 마귀를 대적하고 강한 자를 결박하고 악한 영을 쫓아내라. 하지만 적수인 그 사람은 용서하고 사랑하고 축복해야 한다. 나는 사람을 미워하지 않는다."

나는 그 적수를 용서하고 사랑하고 축복했습니다. 하지만 내 마음은 격분해서 더 많이 기도하게 되었습니다.

적수 브닌나가 격분시키므로 한나는 먹지 않고 울기만 했습니다. 남편의 위로도 소용없었습니다. 적수가 당신을 공격할 때 당신은 먹지 않고 울기만 할 것입니다. 어떤 사람의 위로도 소용없습니다. 그때 어떻게 해야 할까요?

종일 기도해야 합니다. 한나는 기도했습니다. 그녀는 마음이 괴로워서 여호와께 기도하고 통곡했습니다. 짧게 몇 마디 기도한 것이 아니었습니다. 오래 기도했습니다.

"그가 여호와 앞에 오래 기도하는 동안에."(삼상 1:12)

당신에게 적수가 있습니까? 하나님이 당신에게 더 많이 기도하라고 허락한 적수입니다. 많은 주의 종들이 그런 적수로 인해 격분하면서도 기도하지 않고 자기 힘으로 버팁니다. 하나님은 그분 앞에 무릎 꿇기를 원하시는데 무릎 꿇지 않는 것입니다. 온갖 인간적인 방법과 세상의 법적 소송을 통해 문제를 해결하려는 주의 종들이 있습니다.

나도 그런 적이 있었기 때문에 그런 분의 마음을 이해합니다. 나는 적수로 인해 괴로움을 당하면서 그를 법적으로 소송할 세부 내역을 종이에 빽빽하게 적었습니다.

그러나 기도하는 중에 하나님은 내게 그러지 말고 멈추라고 하셨습니다. 나는 멈추고 기도에 몰입했습니다.

그냥 기도하는 것과 집중해서 기도하는 것과 '몰입해서 기도하는 것'은 다릅니다. 무릎 꿇고 간절히 기도하는 것이 '몰입기도'입니다. 당신도 종종 무릎 꿇고 몰입해서 간절히 기도하기 바랍니다. 누가복음 22장 41~44절에 '예수님의 몰입기도'가 나옵니다. 자세히 보십시오.

"그들을 떠나 돌 던질 만큼 가서 무릎을 꿇고 기도하여 이르시되 '아버지여, 만일 아버지의 뜻이거든 이 잔을 내게서 옮기시옵소서. 그러나 내 원대로 마시옵고 아버지의 원대로 되기를 원하나이다' 하시니 천사가 하늘로부터 예수께 나타나 힘을 더하더라. 예수께서 힘쓰고 애써 더욱 간절히 기도하시니 땀이 땅에 떨어지는 핏방울 같이 되더라."

물론 우리 중 어떤 사람도 예수님처럼 완전히 몰입해서 기도할 수는 없습니다. 그분은 땀방울이 핏 방울이 되실 정도로 몰입해서 기도하셨습니다. 당신도 성령님께 도움을 구하면 그에 근접한 기도를 하게 하십니다. 나는 몰입해서 기도하게 해 달라고 성령님께 도움을 구합니다.

나는 기도하고 기도하고 더 많이 기도했습니다. 나는

기도하고 기도하고 더 간절히 기도했습니다. 내 힘으로 기도한 것이 아니라 성령님의 도우심으로 기도했습니다.

끝이 없어 보이는 고통의 날들이 계속 되었습니다.

그런데 어느 날 하루 만에 문제가 해결되었습니다.

성령님이 손가락 하나 까닥함으로 산과 같았던 큰 문제가 하루 만에 사라진 것입니다. 기적이 일어났습니다.

그 적수는 사라졌지만 나는 '기도의 사람'으로 더 견고해졌습니다. 이것 또한 나를 향한 하나님의 은혜입니다.

당신에게도 이런 은혜가 있기 바랍니다.

주의 종의 말을 응답으로 받으라

당신은 기도할 때 미쳤다는 소리를 듣지 않습니까?

몰입해서 기도하는 사람은 그런 말을 종종 듣습니다. 그런 말 듣는 것을 이상한 일로 여기지 마십시오. 술 취했다고 꾸짖는 엘리 제사장에게 한나는 대답했습니다.

"제사장님, 저는 술 취한 것이 아닙니다. 포도주나 독한 술을 마신 것도 아닙니다. 다만 슬픈 마음을 가눌 길이 없어 제 마음을 주님 앞에 쏟아 놓았을 뿐이니 저를 나쁜 여자로 여기지 마십시오. 너무 괴롭고 원통해서 이렇게 기도하는 것입니다. 저는 이 문제를 꼭 해결 받아야 합니다."

엘리는 말했습니다.

"그렇다면 평안히 돌아가라. 하나님이 네가 간구한 것을 이루어 주실 것이다."

그녀는 그 말을 기도 응답으로 받았습니다.

주의 종의 말을 사람의 말로 받지 않고 하나님의 말씀으로 받은 것입니다. 복된 사람입니다.(살전 2:13)

엘리 제사장은 몸이 비대하고 기도하지 않는 사람이었습니다. 그는 영감이 흐렸지만 그래도 주의 종이었습니다.

한나는 주의 종 엘리 제사장을 외모로 판단하지 않고 그의 입에서 나오는 말을 하나님의 말씀으로 받았습니다.

그리고 다시는 얼굴에 슬픈 기색을 띠지 않았습니다.

하나님께서 한나를 기억하셨고 그에게 임신하여 아들을 낳게 하셨습니다. 그가 사무엘 선지자입니다.

아이의 평생을 주의 종으로 드리라

한나는 자신이 서원한 대로 그 아들을 구별하여 그 아이의 평생을 주의 종으로 성전에 데려다 드렸습니다.

"자녀를 성전에 데려다 평생을 주의 종으로 드린다."

이 얼마나 고귀한 헌신입니까? 영혼 구원도 귀하지만 자녀의 평생을 주의 종으로 드린다는 것도 귀한 일입니다.

나는 '나와 내 아내, 그리고 네 명의 자녀'가 모두 그렇게 평생을 주의 종으로 살게 해 달라고 기도합니다.

그런 후에 한나는 감사의 기도를 드렸습니다.

"하나님, 감사합니다. 주님께서 제 마음에 기쁨을 가득 채워 주셨습니다. 원수들 앞에서 저를 구원하셨습니다. 주님은 거룩하신 분이며 반석 같은 분이며 모든 것을 아시는 분이십니다. 적수의 활은 꺾으시고 약한 저를 강하게 하셨습니다. 주님께 맞서는 자들은 산산이 깨어질 것입니다. 주님께서 땅 끝까지 심판하시고 세우신 왕에게 힘을 주시며 기름 부어 세우신 왕에게 승리를 안겨 주실 것입니다."

어린 사무엘은 제사장 엘리 곁에 있으면서 주님을 섬겼습니다. 하나님은 그런 사무엘을 귀하게 여기셨습니다.

평생 기도에 헌신하겠다고 뜻을 정하라

당신은 기도하겠다고 뜻을 정했습니까?

나는 죽을 때까지 기도하겠다고 뜻을 정했습니다.

물론 이것은 내 힘으로 안 됩니다. 그래서 나는 매일 아침 눈을 뜨면 나와 함께 계신 성령님께 "오늘도 종일 기도하게 해 주세요"라고 도움을 구합니다. 기도 시간을 줄이지 않게 해 달라고 부탁합니다. 당신도 오래 기도하기로 뜻을 정하고 날마다 성령님께 도움을 구하기 바랍니다. 기도만이 살 길입니다. 기도하지 않으면 어떻게 될까요?

엘리 제사장과 그의 아들들처럼 비참해집니다.

엘리의 아들들은 행실이 나빴습니다. 그들은 주님을 경외하지 않고 무시했습니다. 제사장이 백성에게 지켜야 하는 규정이 있는데, 그것도 다 무시했습니다.

그들은 주님께서 보시는 눈앞에서 큰 죄를 저질렀습니다. 그들은 주님께 바치는 제물을 함부로 대했고 회막 어귀에서 일하는 여인들과 동침까지 했습니다. 나중에 그 두 아들 홉니와 비느하스는 한 날에 전사했습니다. 한편 어린 사무엘은 모시 에봇을 입고 주님을 섬겼습니다.

한나는 주님의 돌보심으로 또 임신하여 아들 셋과 딸 둘을 더 낳았습니다. 어린 사무엘은 주님 앞에서 잘 자랐고 커 갈수록 주님과 사람들에게 더욱 사랑을 받았습니다.

엘리는 매우 늙었습니다. 그때에는 주님께서 말씀을 해 주시는 일이 드물었고 환상도 자주 나타나지 않았습니다.

어느 날 밤, 엘리가 잠자리에 누워 있을 때였습니다. 엘리는 눈이 어두워져서 잘 볼 수 없었습니다. 사무엘은 하나님의 궤가 있는 주님의 성전에서 잠자리에 누워 있었습니다. 그때 주님께서 사무엘에게 나타나 부르셨습니다.

"사무엘아, 사무엘아."

엘리는 98세에 눈이 어두워져서 앞을 거의 볼 수 없게 되었습니다. 그는 두 아들이 전사하고 하나님의 궤가 빼앗겼다는 소식을 듣고 앉아 있던 의자에서 뒤로 넘어져 문 곁으로 쓰러졌는데 목이 부러져 죽었습니다. 늙고 몸이 비대해졌기 때문입니다. 참으로 슬픈 일입니다. 그는 깨어 기도하지 않았지만 그래도 40년 동안 이스라엘 사사로 있었습니다. 사무엘상 4장 17~18절을 묵상하십시오.

"소식을 전하는 자가 대답하여 이르되 이스라엘이 블레셋 사람들 앞에서 도망하였고 백성 중에는 큰 살륙이 있었고 당신의 두 아들 홉니와 비느하스도 죽임을 당하였고 하나님의 궤는 빼앗겼나이다. 하나님의 궤를 말할 때에 엘리가 자기 의자에서 뒤로 넘어져 문 곁에서 목이 부러져 죽었으니 나이가 많고 비대한 까닭이라. 그가 이스라엘의 사사가 된 지 사십 년이었더라."

당신은 결코 이런 결말이 되지 않기 바랍니다.
끝까지 존귀한 주의 종이 되기 바랍니다.

기도하지 않는 주의 종이 가장 불쌍하다

당신은 평생 기도하기로 뜻을 정했습니까?

나는 영적인 눈이 어두워지고 몸이 비대해지는 일이 없도록 깨어 기도하고 있습니다. 죽을 때까지 그렇게 기도할 것입니다. 우리는 평생 기도하기로 뜻을 정해야 합니다.

사무엘 선지자는 백성들에게 이렇게 말했습니다.

"나는 너희를 위하여 기도하기를 쉬는 죄를 여호와 앞에 결단코 범하지 아니하고 선하고 의로운 길을 너희에게 가르칠 것인즉……."(삼상 12:23)

한 때 귀하게 쓰임 받던 주의 종들이 말년에 기도하지 않음으로 타락하여 엘리 제사장 같이 되는 경우가 있습니다. 이것은 요즘 뉴스에서 떠드는 새로운 일이 아닙니다.

그때나 지금이나 똑같습니다. 사무엘은 평생 기도했습니다. 하지만 그의 자녀들은 기도하지 않았습니다.

사무엘이 늙자, 자기의 아들들을 이스라엘의 사사로 세웠습니다. 그러나 그들은 아버지의 길을 따라 기도하며 살지 않고 돈벌이에만 정신이 팔려 뇌물을 받으며 치우치게 재판했습니다. 그로 인해 이스라엘 백성들이 주님을 버리고 왕을 세워 달라고 강력하게 요청하게 되었습니다.

결국 사울이 왕으로 세워졌습니다. 그는 처음에 겸손하여 하나님을 의지했고 하나님의 영이 그 위에 머물렀습니다. 하지만 나중엔 교만해져서 기도하지 않고 주님의 말씀도 듣지 않고 무시했으며 점치는 무당까지 찾아갔습니다.

하나님의 영이 그를 떠났고 악한 영이 그를 괴롭혔습니다. 그에 비해 다윗은 어릴 때부터 죽을 때까지 겸손히 기도했습니다. 당신은 이런 내용을 보면서 무엇을 느낍니까? 그때나 지금이나 같습니다. 우리는 다양한 주의 종들의 모습을 보게 됩니다. 성경은 그런 우리에게 겸손히 기도하라고 말씀합니다. 기도만이 주의 종이 살 길입니다.

기도할 때 회개하고 거룩한 삶을 살게 됩니다.

우리 모두 날마다 회개하며 깨어 기도합시다.

나는 하나님의 은혜가 없이는 한순간도 살 수 없으니 더욱 큰 은혜를 달라고 날마다 무릎 꿇고 기도합니다. 은혜를 받았다고요? 더욱 큰 은혜를 사모하고 구하십시오.

"그러나 더욱 큰 은혜를 주시나니 그러므로 일렀으되 하나님이 교만한 자를 물리치시고 겸손한 자에게 은혜를 주신다 하였느니라. 그런즉 너희는 하나님께 복종할지어다. 마귀를 대적하라, 그리하면 너희를 피하리라. 하나님을 가까이하라. 그리하면 너희를 가까이하시리라. 죄인들아, 손을 깨끗이 하라. 두 마음을 품은 자들아, 마음을 성결하게 하라. 슬퍼하며 애통하며 울지어다. 너희 웃음을 애통으로 너희 즐거움을 근심으로 바꿀지어다. 주 앞에서 낮추라, 그리하면 주께서 너희를 높이시리라.”(약 4:6~10)

높아진 사람을 부러워하지 말고 또 높아지고자 애쓰지 마십시오. 오직 기름 부으심 안에서 행하십시오.

주님께서 당신을 높이실 것입니다.

큰 종이 아닌 주의 종이 되라

당신은 큰 종이 되기 원하십니까?

나도 예전에 큰 종이 되어 큰일을 하고 싶었습니다.

하지만 성경에는 '큰 종'이라는 말이 없고 '큰일'이라는 말만 있었습니다. 요즘은 큰 교회나 큰 선교 단체를 운영하면 그 대표를 향해 '큰 종'이라며 떠받드는데 성경과는 다릅니다. 성경에는 '하나님의 사람'이라고 나옵니다.

당신은 하나님의 사람이다

열왕기상 13장 6~10절을 보십시오.

"왕이 '하나님의 사람'에게 말하여 이르되 청하건대 너는 나를 위하여 네 하나님 여호와께 은혜를 구하여 내 손이 다시 성하게 기도하라. 하나님의 사람이 여호와께 은혜를 구하니 왕의 손이 다시 성하도록 전과 같이 되니라. 왕이 하나님의 사람에게 이르되 나와 함께 집에 가서 쉬라 내가 네게 예물을 주리라. 하나님의 사람이 왕께 대답하되 왕께서 왕의 집 절반을 내게 준다 할지라도 나는 왕과 함께 들어가지도 아니하고 이곳에서는 떡도 먹지 아니하고 물도 마시지 아니하리니 이는 곧 여호와의 말씀이 내게 명령하여 이르시기를 떡도 먹지 말며 물도 마시지 말고 왔던 길로 되돌아가지 말라 하셨음이니이다 하고 이에 다른 길로 가고 자기가 벧엘에 오던 길로 되돌아가지도 아니하니라."

이것을 보면 하나님의 사람이 어떻게 행동해야 하는지 잘 알게 됩니다. 주의 종은 오직 주님의 목소리만 듣고 순종해야 합니다. 왕의 집 절반을 준다 해도 그것 때문에 움직이지 말아야 합니다. 당신도 그런 주의 종이 되십시오.

아브라함과 이삭과 야곱은 '주의 종'이었습니다. "주의 종 아브라함과 이삭과 야곱을 생각하사."(신 9:27)

예수님은 "나를 믿는 자는 내가 한 일을 할 것이요 이보다 큰 것도 한다"고 하셨습니다. 큰 능력, 큰 지혜, 큰 은혜, 큰 부, 큰 사랑 등 성경은 큰 것과 작은 것을 구별해서 말하고 있으며, 바울은 고린도 교회에 "더욱 큰 은사를 사모하라"고 했습니다. 그렇습니다. 마지막 때는 더욱 큰 권능과 은혜와 사랑이 필요합니다. 하지만 꼭 기억해야 할 것은 이것은 자신이 큰 인물이 되기 위한 것이 아니라는 것입니다. 많은 주의 종들이 '큰 것'을 좋아할 것입니다.

큰 교회를 세우고 큰 무리 앞에서 설교하고 큰 권능을 나타내고 큰일을 맡아 추진하는 것이 많은 사람들의 간절한 소망이기도 합니다. 그렇게 하나님께 쓰임 받으며 큰일을 하는 것도 중요하지만 그것보다 더 중요한 것은 '깨끗한 종, 귀히 쓰는 그릇'이 되는 것입니다. 바울은 디모데에게 "오직 너 하나님의 사람아"(딤전 6:11)라고 말한 후에 "자신을 지켜 깨끗한 그릇이 되라"고 했습니다.

"아무에게나 경솔히 안수하지 말고 다른 사람의 죄에 간섭하지 말며 네 자신을 지켜 정결하게 하라."(딤전 5:22)

깨끗한 그릇이 되려면 어떻게 해야 할까요?

첫째, 아무에게나 경솔히 안수하지 마십시오. 일꾼을 세울 때는 먼저 성령님께 묻고 그분이 지시한 사람에게만 안수하되 이를 위해 예수님처럼 밤새워 기도하십시오.

둘째, 다른 사람의 죄에 간섭하지 마십시오. "다른 사람의 죄에 대해 간섭하므로 고난 받지 말라”고 했습니다.

셋째, 자신을 지켜 정결하게 하십시오. 요한은 자신을 지켜 우상에게서 멀리하라고 했습니다. “자녀들아, 너희 자신을 지켜 우상에게서 멀리하라.”(요일 5:21)

또한 성경은 모든 불의에서 떠나 자신을 지키라고 말씀합니다. 몇 가지가 아닌 ‘모든 불의’에서 떠나야 합니다.

바울은 디모데에게 이렇게 말했습니다.

“망령되고 헛된 말을 버리라. 그들은 경건하지 아니함에 점점 나아가나니 그들의 말은 악성 종양이 퍼져나감과 같은데 그 중에 후메내오와 빌레도가 있느니라. 진리에 관하여는 그들이 그릇되었도다. 부활이 이미 지나갔다 함으로 어떤 사람들의 믿음을 무너뜨리느니라. 그러나 하나님의 견고한 터는 섰으니 인침이 있어 일렀으되 주께서 자기 백성을 아신다 하며 또 주의 이름을 부르는 자마다 불의에서 떠날지어다 하였느니라.”(딤후 2:16~19)

하나님의 큰 집에는 여러 그릇이 있습니다.

그 중에서 당신은 ‘귀한 그릇’이 되어야 합니다. 그러려면 ‘청년의 정욕’을 피해야 합니다. 요셉이 그랬습니다. 그는 보디발의 아내가 유혹했을 때 그 자리를 피했습니다. 청년의 정욕은 피해야 하는 것이지 싸워야 하는 것이 아닙니다. 청년의 정욕과 싸워 이길 자는 아무도 없습니다.

청년의 정욕을 어떻게 해결해야 할까요?

청년보다 정욕보다 억만 배나 크고 강하신 성령님께 도움을 구하는 것입니다. 매일 아침 이렇게 말씀드리세요.

"성령님, 오늘도 영의 생각만 떠오르게 해주세요. 육신의 생각과 육체의 정욕은 떠오르지 않게 해주세요."

이것이 거룩한 삶의 비결입니다. 꼭 실천하십시오.

하나님의 큰 집에 '큰 그릇과 작은 그릇'이 있다고 하지 않고 '귀한 그릇과 천한 그릇'이 있다고 했습니다.

"큰 집에는 금 그릇과 은 그릇 뿐 아니라 나무 그릇과 질 그릇도 있어 귀하게 쓰는 것도 있고 천하게 쓰는 것도 있나니 그러므로 누구든지 이런 것에서 자기를 깨끗하게 하면 '귀히 쓰는 그릇'이 되어 거룩하고 주인의 쓰심에 합당하며 모든 선한 일에 준비함이 되리라. 또한 너는 청년의 정욕을 피하고 주를 깨끗한 마음으로 부르는 자들과 함께 의와 믿음과 사랑과 화평을 따르라."(딤후 2:20~22)

큰 그릇이 되려고 하지 말고 귀한 그릇이 되십시오.

무엇이든지 큰 것을 추구하지 않습니까? 크다고 좋은 것만은 아닙니다. 작지만 귀한 것이 있습니다. 물론 크고도 귀한 것이 있습니다. 뭘까요? '하나님의 영광' 입니다.

하나님의 영광은 온 우주에서 가장 크고 귀합니다.

나는 사람들과 어울려 다니며 '겉으로 드러나는 사람의 영광'을 구하지 않고 '눈에 보이지 않는 하나님의 영광'을 구합니다. 그래서 수많은 날을 홀로 골방에 앉아 기도하며 성경을 읽습니다. 그런 나를 보며 사람들은 말합니다.

"그렇게 혼자 기도만 한다고 무슨 소용 있어? 이리 나와서 우리와 어울리자. 우리와 먹고 마시고 놀자."

나는 그런 유혹을 물리치고 기도하겠다고 뜻을 정하고 오래 기도합니다. 밤낮 돌아다니며 사람들과 먹고 마시며 시간을 보내면 예수님처럼 습관을 좇아 오래 기도할 수 없게 되고 사역 현장에 하나님의 나라가 권능으로 임하지 않습니다. 그러면 '벌거벗은 사역자'가 되는 것입니다.

밤낮 돌아다니며 사람의 영광을 구하지 말고 골방에서 오래 기도하며 하나님의 영광을 구하기 바랍니다.

이것이 진정으로 존귀한 삶입니다.

큰 종이 아닌 주의 종이 되라

당신은 사람들에게 어떤 말을 듣고 싶습니까?

주님께서는 내게 '큰 종이 아닌 주의 종이 되라'고 하셨습니다. "와, 정말 대단하다. 큰 종이다"라는 말을 듣고 싶어 하는 사람이 있습니다. 하지만 성경에는 큰 종, 작은 종이라는 개념이 나오지 않습니다. 큰 왕, 큰 일, 큰 구원, 큰 소리, 큰 은혜, 큰 표적, 큰 성읍, 큰 보좌, 큰 돌, 큰 비 등의 단어는 나오지만 '큰 종'은 없습니다. '주의 종'이라는 단어만 나올 뿐입니다. 하나님이 보실 때는 그냥 종일뿐입니다. '큰 종'이 되려고 하지 말고 '주의 종'이 되십시오.

그리고 '귀한 종'이 되십시오. 귀한 종은 깨끗한 종을 말합니다. 내 책을 읽은 독자들이 나를 찾아와 이구동성으로 하는 말이 하나 있는데 그것은 곧 "김열방 목사님은 귀한 종입니다. 그리고 목사님 교회의 성도들도 참으로 귀합니다"라는 것입니다. 그때는 그런 말이 생소했습니다.

'어, 귀한 종, 귀한 교회, 귀한 성도라고 하네.'

성경에 찾아보니 정말 그런 단어가 나왔습니다.
"하나님의 큰 집에는 귀히 쓰는 그릇과 천히 쓰는 그릇이 있다."(딤후 2:20) 당신은 지금 어떤 그릇입니까?
귀한 그릇이 되기 바랍니다.
당신을 축복합니다.

성령님의 기름 부으심

초판 1쇄 인쇄 | 2026년 4월 10일
초판 1쇄 발행 | 2026년 4월 20일

지은이 | 김열방

발행인 | 김사라
발행처 | 날개미디어
등록일 | 2005년 6월 9일, 제2005-44호
주소 | 서울특별시 송파구 백제고분로9길 6(잠실동, A동 3층)
전화 | 02)416-7869
메일 | wgec21@daum.net

종이책 ISBN: 979-11-92329-53-6(03230)
전자책 ISBN: 979-11-92329-54-3(05230)

종이책값 20,000원
전자책값 20,000원